초판 1쇄 • 2016년 6월 7일   초판 6쇄 • 2021년 10월 10일   개정판 인쇄 • 2025년 3월 25일   개정판 발행 • 2025년 4월 1일
지은이 • 노세윤   그린이 • 류은형   발행인 • 허진   발행처 • 진선출판사(주)
편집 • 김경미, 최윤선, 최지혜   디자인 • 고은정   총무 / 마케팅 • 유재수, 나미영, 허인화
주소 • 서울시 종로구 삼일대로 457 (경운동 88번지) 수운회관 15층
　　　전화 (02)720-5990  팩스 (02)739-2129  홈페이지 www.jinsun.co.kr
등록 • 1975년 9월 3일 10-92   ※책값은 뒤표지에 있습니다.
ISBN 979-11-93003-71-8  74080  ISBN 978-89-7221-654-4 (세트)
ⓒ 노세윤, 2016   편집 ⓒ 진선출판사, 2016, 2025

**지은이 노세윤** 선생님은

담수어 생태 연구가, 사진가이며, 1991년부터 우리나라 담수어에 관심을 갖고
현재까지 전국을 누비며 열정적으로 어류의 생태를 사진과 영상으로 담아내고 있습니다.
현재 사단법인 한국민물고기보존협회 이사이자 한국산 담수어 콘텐츠개발 전문사인
네이처코리아의 대표이기도 합니다. 담수어 도감류 집필과 홍보 및 보호 활동, 어류 모니터링,
자문 등의 활동을 하고 있으며 유튜브 계정 '피쉬아이 어드벤처'를 운영하고 있습니다.
지은 책으로 2006년 과학기술부 인증 우수과학 도서와 2006년 환경부 선정 우수환경도서인 《특징으로 보는 한반도 민물고기》와
《어린이 물고기 비교 도감》, 《물고기 검색 도감》, 《물고기 쉽게 찾기》, 《안양천의 민물고기》, 《손바닥 민물고기 도감》 등이 있습니다.

**진선아이** 는 진선출판사의 어린이책 브랜드입니다. 마음과 생각을 키워 주는 책으로 어린이들의 건강한 성장을 돕겠습니다.

# 봄·여름·가을·겨울 물고기 도감

노세윤 지음

# 차례

## 계절별로 살펴보는 물고기

물풀에 알을 낳는 물고기 · 6
하천을 거슬러 오르는 물고기 · 8
물 위로 잘 뛰어오르는 물고기 · 10
갯벌에서 생활하는 물고기 · 12
여행을 떠나거나 고향으로 돌아오는 물고기 · 14
연어의 일생 · 16
겨울이나 이른 봄에 알을 낳는 물고기 · 18
진흙 · 개펄 속에서 겨울을 나는 물고기 · 20

## 다양한 물고기의 세계

산골짜기의 개천에 사는 물고기 · 24
냇물의 상류와 중류에 사는 물고기 · 26
하류나 하구에 사는 물고기 · 28
알을 지키는 수컷 물고기 · 30
조개의 몸 안에 알을 낳는 물고기 1 · 32
조개의 몸 안에 알을 낳는 물고기 2 · 34
알을 낳기 위해 둥지를 짓는 물고기 · 36
다른 물고기의 알자리에 알을 낳는 물고기 · 38
알자리를 청소하는 물고기 · 40
모래가 많은 곳에서 생활하는 물고기 1 · 42
모래가 많은 곳에서 생활하는 물고기 2 · 44
다른 물고기에게 텃세 부리는 물고기 · 46
어두운 밤에 많이 활동하는 물고기 · 48
여울에서 빠르게 헤엄치는 물고기 · 50
여울의 밑에서 사는 물고기 · 52
돌 사이를 헤집고 다니는 물고기 1 · 54
돌 사이를 헤집고 다니는 물고기 2 · 56
돌 밑에 잘 숨는 물고기 · 58

## 물고기 자세히 알아보기

물고기의 주요 부분 • 84
물고기의 여러 가지 체형 • 86
물고기 지느러미의 역할과 동작 • 87
다양한 모양의 꼬리지느러미 • 88
번식기에 나타나는 몸의 변화 • 90
우리나라의 강과 냇물에만 사는
한반도 고유종 • 92
한반도 고유종 물고기가 사는 지역 • 100
물가나 물속에서 만나는 생물 1 • 102
물가나 물속에서 만나는 생물 2 • 104

찾아보기 • 106
초등 교과 과정 연계 정보 • 108

모래 속에 잘 숨는 물고기 • 60
수면 가까이에서 헤엄치는 물고기 • 62
다른 물고기를 먹고 사는 물고기 • 64
찬물에 사는 물고기 • 66
갯벌에 굴을 파는 물고기 • 68
원시의 특징이 남아 있는 물고기 • 70
다른 방법으로 숨 쉬는 물고기 • 72
다른 나라에서 온 물고기 • 74
북쪽 두만강 물줄기에 사는 물고기 • 76
바다에 사는 물고기 1 • 78
바다에 사는 물고기 2 • 80

추운 겨울이 지나고 모든 생물이 따뜻한 햇살에 기지개를 펴는 봄,
물고기들은 겨우내 움추렸던 몸을 추스르고 이내 번식에 나서요.
여름이 오기 전에 새끼들이 어느 정도 클 수 있게 하려면 서둘러야 해요.
번식기에 잉어나 붕어는 수컷 여럿이 한 마리의 암컷을 따라다녀요.
냇물에 사는 조개의 몸 안에 알을 낳는 납자루류의 수컷은 멋있게
몸을 단장하고, 암컷은 그런 수컷을 짝짓기 상대로 골라요.
돌고기류는 꺽지의 알자리에 암수가 함께 몰려가 알을 낳아요.
이렇게 해서 태어난 물고기의 새끼들은 물속의 플랑크톤이나
작은 물벌레들을 먹고 자라면서 힘을 키워 물속 환경과
계절의 변화에 적응하며 다음 세대를 이어 가는 삶을 살아요.

↑ 물고기가 살고 있는 냇가에 봄꽃이 피었어요.

↑ 납지리 암컷과 수컷이에요. 오른쪽 수컷이 더 화려해요. 납지리는 가을에 알을 낳아요.

# 계절별로 살펴보는
# 물고기

물고기를 만나러 떠나 보자!

봄에 만나는 물고기

관련 교과  3-1 과학 〈3. 동물의 한살이〉 / 3-2 과학 〈2. 동물의 생활〉

# 물풀에 알을 낳는 물고기

봄이 오면 냇물 속은 새 생명을 준비하는 물고기들의 바쁜 움직임으로 활기가 넘쳐요. 서로 다르게 진화해 온 방법으로 알을 낳아 번식해요. 잉어나 붕어, 긴몰개, 쌀미꾸리 등은 물풀의 잎에 알을 붙여요. 끈적한 점액에 둘러싸인 알은 물살에 떠내려가지 않고 수초에 달라붙어요. 꺽저기는 물풀의 줄기에 알을 나란히 붙여요.

잉어 중에서 덩치가 매우 큰 잉어는 한 번에 30만 개 정도의 알을 낳아요.

**잉어**
몸길이 30~80㎝
2쌍의 입수염이 있어요.
진흙이나 모래를 입에 넣어
먹이만 걸러 낸 후, 나머지는
다시 뱉어 내는 행동을 반복해요.

어린 붕어는 여럿이 어울려 다녀요.

**붕어**
몸길이 20~40㎝
입수염이 없어요.
잉어와 같은
곳에서 살아요.

### 긴몰개
**몸길이 7~10㎝**
비늘에 광택이 있어요.
수초가 많은 곳에서
떼 지어 다녀요.

4쌍의 입수염이
있어요.

수컷

암컷

암컷은 수컷보다
몸집이 크고
줄무늬가 없어요.

### 쌀미꾸리
**몸길이 5~6㎝**
머리에서 꼬리까지
긴 줄무늬가 있어요.

물풀 줄기에
알을 붙여요.

### 꺽저기
**몸길이 15㎝ 내외**
꺽지와 매우 닮았어요.
등에서 배까지 이어지는
줄무늬가 여러 개 있어요.

봄에 만나는 물고기

**관련 교과** 3-2 과학 〈2. 동물의 생활〉 / 3-2 과학 〈3. 지표의 변화〉

# 하천을 거슬러 오르는 물고기

봄이 오면 가까운 바다나 냇물의 하구에 살던 몇몇 물고기는 알을 낳기 위해 냇물의 상류로 올라가요. 냇물의 상류 쪽 여울은 물이 맑고 산소가 풍부해서 알이 부화하기 좋은 환경이기 때문이에요. 황어는 이즈음 누런색에서 주황색과 검은색으로 몸 색깔이 바뀌어요. 바다에서 살던 빙어는 수명이 1년이어서 냇물로 올라가 알을 낳고 생을 마쳐요.

**두우쟁이**
몸길이 20~25㎝
몸이 아주 길어요.
알을 낳기 위해 떼 지어
냇물을 거슬러 올라가요

**황어**
몸길이 25~40㎝
바다에서 살다가 봄에 알을
낳으러 냇물을 거슬러 올라가요.

번식기에는 암수 모두 몸 색깔이 달라져요.

알을 낳기 위해 냇물 상류로 앞다투어 올라가고 있어요.

### 빙어
**몸길이 15㎝ 내외**
몸이 길고 투명해요.
비늘이 반짝반짝 빛나요.

수컷

### 큰가시고기
**몸길이 13㎝ 내외**
등에 3개의 커다란
가시가 있어요.

⋯ 수컷은 화가 나면
몸이 빨개져요.

재미있게
생겼네~

암컷

### 황복
**몸길이 45㎝ 내외**
몸통이 둥글어요.
등지느러미가 몸의
뒤쪽에 있어요. 커다란
앞 이빨이 있어요.

여름에 만나는 물고기

관련 교과 : 2-1 여름 〈2. 초록이의 여름 여행〉 / 3-2 과학 〈2. 동물의 생활〉

# 물 위로 잘 뛰어오르는 물고기

한여름, 냇물 위를 바라보고 있으면 물고기들이 재주 부리듯 물 위로 갑자기 솟구치거나 공중제비를 돌고 철썩 물 위로 떨어지는 장면을 볼 수 있어요. 때로는 낮게, 어떤 때는 높게 뛰어올랐다 떨어져요. 해 질 녘이면 물고기가 뛰는 걸 더 많이 볼 수 있어요.

수컷

**갈겨니**
몸길이 10~17cm
눈동자 위에 빨간색 반원 무늬가 있어요.

암컷

우리나라 남부 지방의 물줄기에 살아요.

**참갈겨니**
몸길이 13~20cm
가슴지느러미 앞부분이 붉은색이에요. 갈겨니보다 비늘 수가 더 적어요.

수컷

**피라미**
몸길이 12~17cm
지느러미의 앞부분이 붉은색이에요.

암컷

암컷의 뒷지느러미는 작아요.

10 계절별로 살펴보는 물고기

해 질 무렵에 물 위로
잘 뛰어올라요.

### 치리
**몸길이** 15~20㎝
주둥이가 뾰족하고
눈이 커요.
비늘은 광택이 나요.

### 숭어
**몸길이** 50~70㎝
가슴지느러미 안쪽이 파래요.
꼬리지느러미 끝이 뾰족해요.

## 살펴보아요!

### 물고기는 왜 물 위로 뛰어오를까?

여름에 하루살이나 잠자리, 날도래 등의 성충은 물속에 알을 낳기 위해 냇물이나 연못의 수면으로 모여들어요. 이때 갈겨니나 참갈겨니, 피라미 등은 수면으로 다가오는 곤충들을 잡아먹기 위해 물 위로 뛰어올라요. 숭어는 몸에 붙은 기생충을 떼어 내려고 물 위로 높이 뛰어올랐다 떨어지면서 수면에 몸을 부딪치는 행동을 반복해요. 다른 물고기들도 습성에 따라 물 위로 뛰어올라요. 또한 냇물의 상류로 이동하는 열목어나 황어 같은 물고기들은 작은 폭포나 장애물을 만나면 훌쩍 뛰어넘기도 해요.

상류로 오르던 황어가 작은 폭포를 만나자
힘차게 뛰어오르고 있어요.

여름에 만나는 물고기

  2-1 여름 〈2. 초록이의 여름 여행〉 / 3-2 과학 〈2. 동물의 생활〉

# 갯벌에서 생활하는 물고기

바닷물이 드나드는 갯벌에는 많은 생물들이 살고 있어요. 개펄 속에 구멍을 파고 지내는 망둥어 무리는 여름에 가장 활발하게 활동해요. 개펄 위를 기어 다니며 먹이를 찾기도 하고 공중으로 뛰어오르기도 해요. 짱뚱어는 짝짓기 상대를 두고 수컷끼리 입을 크게 벌려 힘겨루기를 해요. 말뚝망둥어는 높은 곳을 기어오르는 게 특기예요. 개소겡은 길이 여러 갈래인 굴을 파고 지내요.

**짱뚱어**
몸길이 15~20㎝
입이 커요. 첫 번째 등지느러미가 왕관 모양이에요. 번식기에 수컷은 높이 뛰어오르기도 해요.

갯벌에 물이 빠지자 짱뚱어들이 일제히 굴 밖으로 나왔어요.

**큰볏말뚝망둥어**
몸길이 8~10㎝
첫 번째 등지느러미가 말뚝망둥어보다 커요.

**말뚝망둥어**
몸길이 10㎝ 내외
가슴지느러미를 발처럼 사용해 개펄을 돌아다녀요.

말뚝망둥어가 나뭇가지를 기어오르고 있어요.

짱뚱어가 사는 곳에서 같이 살아요.

### 남방짱뚱어
**몸길이 20㎝ 내외**
첫 번째 등지느러미가 뾰족해요.

### 개소겡
**몸길이 35㎝ 내외**
몸이 길어요. 개펄에 입구가 여러 개인 굴을 파고 살아요.

## 살펴보아요!

### 갯벌에서 사는 물고기들의 여러 가지 재미있는 습성

| 말뚝망둥어의 굴 파기 | 말뚝망둥어의 높은 곳 기어오르기 | 짱뚱어의 높이 뛰기 | 짱뚱어의 개펄 훑기 |

관련 교과  3-1 과학 〈3. 동물의 한살이〉 / 3-2 과학 〈2. 동물의 생활〉

# 여행을 떠나거나 고향으로 돌아오는 물고기

냇물에서 살던 뱀장어는 가을이 되면 먼 바다로 알을 낳으러 가요. 우리나라에서 3,000km 정도 떨어진 아주 먼 곳까지 바다 물길을 거슬러 가요. 알을 낳는 곳까지 가는 데는 6개월 정도가 걸리는데, 알을 낳은 어미는 곧바로 생을 마쳐요. 부화한 새끼는 어미가 온 방향을 따라 육지 쪽으로 이동하는데 모양은 나뭇잎을 닮았어요. 어미가 떠났던 곳에 도착할 즈음 새끼는 실처럼 가늘게 모양이 바뀌어요. 연어는 멀리 알래스카 만까지 갔다가 알을 낳으러 태어난 곳으로 돌아와요.

**뱀장어**
몸길이 60~100㎝
몸이 뱀처럼 길어요. 먼 바다로 알을 낳으러 긴 여행을 떠나요. 바다에서 태어난 어린 뱀장어는 어미가 살던 곳으로 돌아와요.

실뱀장어

긴 여행을 마친 연어가 알을 낳으러 태어난 곳으로 돌아오고 있어요.

뱀장어 새끼가 우리나라 냇물로 돌아오는 바닷길(주황색 화살표)

14 계절별로 살펴보는 물고기

### 은어
**몸길이 20~30㎝**
봄에 새끼들은 냇물의 상류로 올라가 살다가 가을에 하류로 내려와 알을 낳아요. 새끼들은 바다로 내려갔다가 다음 해 봄에 냇물의 상류로 올라가요.

수컷

### 연어
**몸길이 60~80㎝**
멀리 알래스카 앞바다까지 갔다가 3~4년 만에 태어난 냇물로 돌아와 알을 낳아요. 고향에 도착하면 은색이던 몸이 얼룩덜룩하게 바뀌어요.

### 산천어(송어)
**몸길이 20㎝ 내외(산천어) / 60㎝ 내외(송어)**
바다에서 살다가 가을에 태어난 냇물로 돌아와 알을 낳아요.

바다로 가지 않고 냇물에 남아 살아가는 송어를 '산천어'라고 해요.

가을에 만나는 물고기

관련 교과  3-1 과학 〈3. 동물의 한살이〉 / 3-2 과학 〈2. 동물의 생활〉

# 연어의 일생

가을이 되면 4~5년 전 봄, 어릴 때 냇물을 떠나 넓은 바다로 나갔던 연어가 수만 킬로미터의 긴 여행을 끝내고 번식을 위해 태어난 곳으로 돌아와요. 고향으로 돌아온 연어는 알을 낳고 생을 마감해요.

수컷
암컷

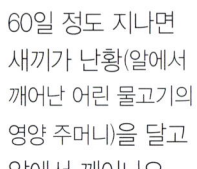

암컷이 꼬리로 자갈을 파헤쳐 깊이 30㎝ 정도의 알자리를 만들어 알을 낳기 시작하면 기다리던 수컷이 재빨리 다가와 방정해요.

알은 돌 틈으로 들어가 부화를 시작해요.

60일 정도 지나면 새끼가 난황(알에서 깨어난 어린 물고기의 영양 주머니)을 달고 알에서 깨어나요.

고향으로 돌아온 연어들은 알을 낳기 위한 준비를 해요.

수컷들은 암컷을 차지하려고 힘겨루기를 해요.

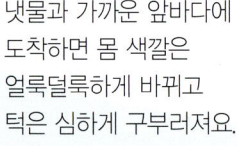

냇물과 가까운 앞바다에 도착하면 몸 색깔은 얼룩덜룩하게 바뀌고 턱은 심하게 구부러져요.

암컷은 꼬리지느러미로 자갈을 파헤쳐 알을 낳을 자리를 만들어요.

암컷

계절별로 살펴보는 물고기

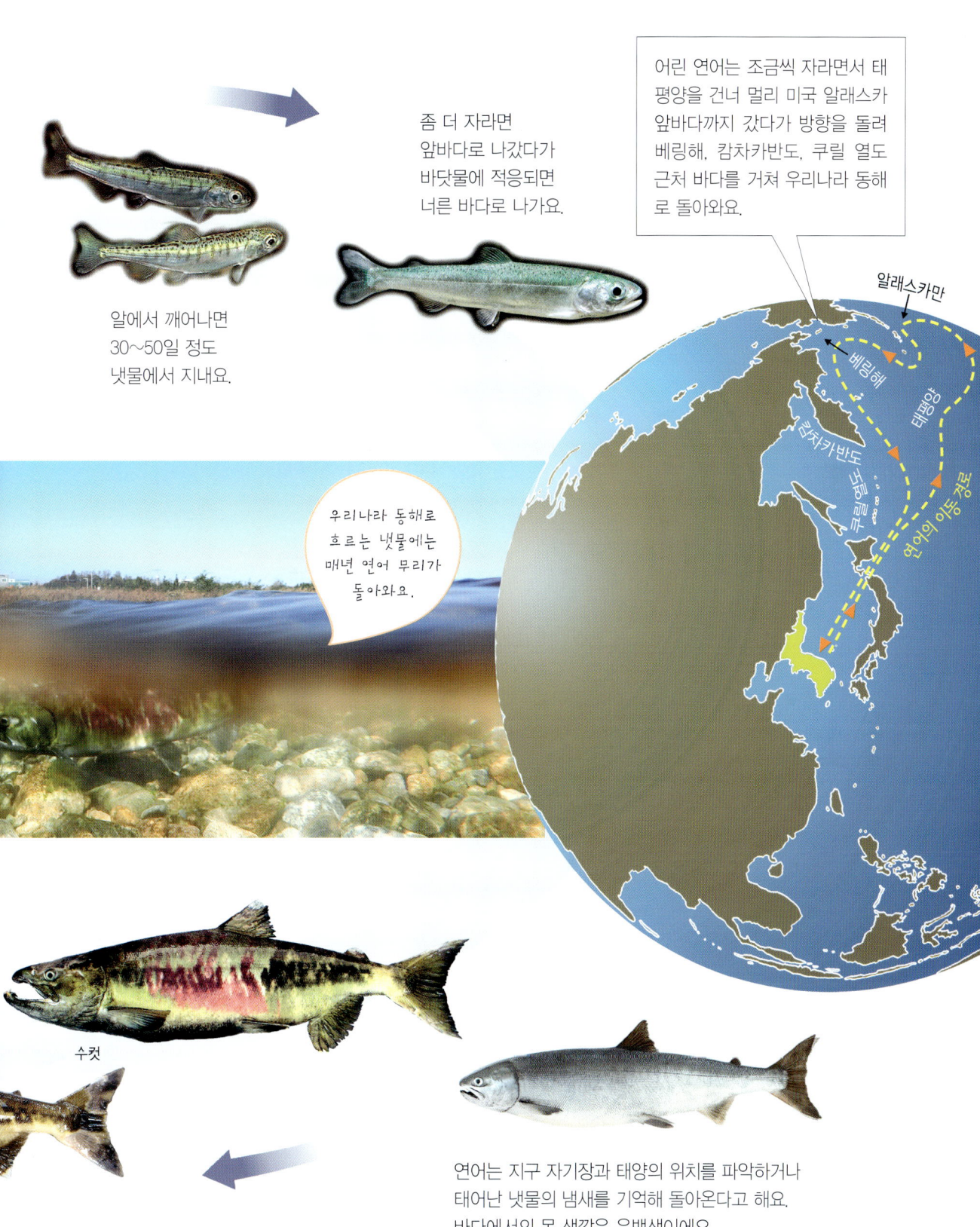

겨울에 만나는 물고기

**관련 교과** 3-1 과학 〈3. 동물의 한살이〉 / 3-2 과학 〈2. 동물의 생활〉

# 겨울이나 이른 봄에 알을 낳는 물고기

많은 종류의 물고기는 따뜻한 봄과 초여름 사이에 알을 낳아요. 플랑크톤이나 작은 물벌레 등 성장에 필요한 먹이가 많아지는 여름에 새끼들이 활동하도록 시기를 맞추려는 거지요. 그런데 연준모치나 꺽정이, 날망둑 등은 겨울 또는 봄이 오기 전 냇물이 차가울 때 알을 낳아요.

**연준모치**
몸길이 6~8㎝
황금색과 검은색 줄무늬가
특징이에요.

번식기에는
아가미 안쪽이
주황색을 띠어요.

**꺽정이**
몸길이 17㎝ 내외
입이 크고 눈이 파란색이에요.
온몸에 돌기가 우둘투둘
돋았어요.

18 계절별로 살펴보는 물고기

냇물의 하류, 바다와 만나는 곳에 살아요.

### 날망둑
**몸길이 8~9㎝**
지느러미마다 검은색 무늬가 있어요.

몸이 매우 작아요.

### 왜꾹저구
**몸길이 4~5㎝**
머리가 납작하고 눈이 빨간색이에요.

### 사백어
**몸길이 4~5㎝**
몸이 투명해서 물속에서는 잘 보이지 않아요.

죽으면 몸이 하얗게 변해서 '사백어'라고 해요.

겨울에 만나는 물고기

관련 교과 3-2 과학 〈2. 동물의 생활〉

# 진흙·개펄 속에서 겨울을 나는 물고기

찬바람이 쌩쌩 불고 물이 꽁꽁 얼면 얕은 물속 진흙 바닥에 사는 미꾸리나 미꾸라지, 드렁허리 등은 추위를 피하려고 있는 힘을 다해 땅속을 파고 들어가요. 한겨울에 얕은 물가를 파 보면 겨울잠을 자던 미꾸라지나 미꾸리가 꼬물꼬물 움직이는 것을 볼 수 있어요. 말뚝망둥어는 개펄에 굴을 파고 그 안에서 찬 바닷바람을 피해요. 이들 모두 공기 호흡을 하기 때문에 가능한 일이에요.

**미꾸리**
몸길이 10~17㎝
3쌍의 입수염이 있어요.
물속에 산소가 적어도 잘 살아요.

입으로 마신 공기를 창자로 보내 산소를 흡수해요.

**미꾸라지**
몸길이 20㎝ 내외
미꾸리보다 입수염이 길어요.
진흙이 많은 곳에 살아요.

몸이 미끌미끌해요.

20 계절별로 살펴보는 물고기

공기를 들이마셔서 턱밑이 부풀었어요.

논두렁을 잘 허물어서 '드렁허리'라고 불러요.

### 드렁허리
**몸길이 60㎝ 내외**
몸이 뱀처럼 길어요. 암컷으로 태어나 나중에 수컷으로 바뀌어요.

### 말뚝망둥어
**몸길이 10㎝ 내외**
가슴지느러미를 팔처럼 사용해 개펄을 돌아다녀요.

개펄에 굴을 파고 겨울을 나요.

물고기는 물속에서 생활하며 지느러미로 움직이고 아가미로 호흡하는 척추동물이에요. 칠성장어처럼 턱이 없는 무악류와 턱이 있고 뼈가 부드러운 연골어류, 뼈가 딱딱한 경골어류로 크게 구분돼요. 물고기는 약 4억 5천만 년 전, 턱이 없는 갑피류가 나타난 후 긴 세월 동안 다양한 종류로 진화했으며 현재 전 세계의 물고기는 약 3만여 종에 달해요. 우리나라에는 약 1,200여 종의 물고기가 살고 있는 것으로 알려졌는데 그 가운데에 냇물과 강(민물)에 사는 물고기는 235종이에요. 종류만큼 다양한 물고기의 생태에 대해 알아보아요.

물고기는 크고 작은 돌 밑을 드나들어요.

새미 수컷이 꼬리지느러미로 암컷이 알을 낳을 자리를 파고 있어요.

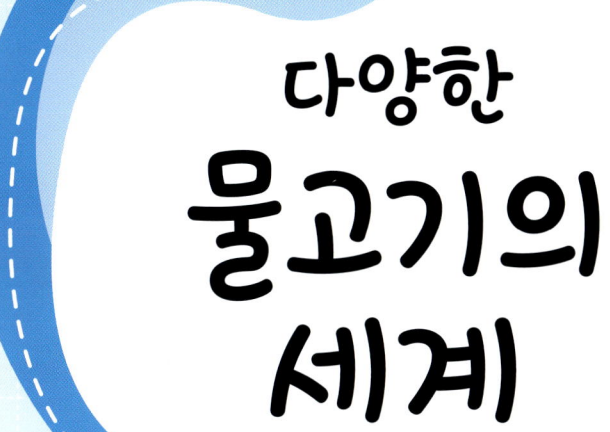

# 다양한 물고기의 세계

물고기의 특징을 알아보자!

관련 교과  3-2 과학 〈2. 동물의 생활〉

# 산골짜기의 개천에 사는 물고기

산과 산 사이에는 옹달샘에서 흘러나온 물이 합쳐져 맑은 개천이 흘러요.
숲이 우거져 물의 온도가 낮아요. 크고 작은 돌이 많고 경사가 져 물이 빠르게 흘러요.
돌의 겉면에는 광합성을 하는 아주 작은 조류가 붙어 있고 돌 밑에는 날도래나 하루살이
같은 곤충의 애벌레가 살아요. 이곳에서는 연준모치나 버들치, 금강모치처럼
빠르게 헤엄치는 물고기들을 볼 수 있어요.

**연준모치**
몸길이 6~8cm
황금색과 검은색
줄무늬가 특징이에요.

**버들치**
몸길이 6~12cm
비늘이 매우 작고
짙은 갈색이에요.

동해 북쪽의
물줄기에 살아요.

**버들개**
몸길이 12cm 내외
몸통에 짙은 갈색
줄무늬가 있어요.

금강산에서 처음 발견되어 '금강모치'라고 해요.

### 금강모치
**몸길이 7~10㎝**
몸통에 2개의 주황색 줄무늬가 있어요.

동해안 북부 비무장 지대의 냇물에 살아요.

### 버들가지
**몸길이 6~10㎝**
버들치와 매우 닮았어요. 등지느러미 아래에 검은색 반점이 있어요.

입수염이 길어요.

내 수염이 더 멋지지?

### 자가사리
**몸길이 6~10㎝**
몸통이 황갈색이고 지느러미 가장자리에는 노란색 띠가 있어요.

#### 살펴보아요!
**자가사리의 입수염이 긴 이유는 무엇일까?**

자가사리는 낮에는 자갈 틈에서 지내다가 밤에 많이 활동해요. 이 때문에 눈은 작아지고 입수염이 길어졌어요. 곤충의 더듬이처럼 긴 입수염을 이용해 먹이도 찾고 장애물을 피해요.

**관련 교과** 3-2 과학 〈2. 동물의 생활〉 / 3-2 과학 〈3. 지표의 변화〉

# 냇물의 상류와 중류에 사는 물고기

산골짜기의 개천이 서로 만나 낮은 곳으로 내려갈수록 물의 양이 풍부해져요. 바위와 큰 돌이 많아서 물은 구불구불 흘러요. 새코미꾸리나 얼룩새코미꾸리는 돌 사이를 헤집고 다니면서 먹이를 찾아요. 메기와 모습이 닮은 미유기는 산에 사는 메기라 하여 '산메기'라고도 불러요. 돌 사이를 헤집고 다니거나 돌 밑을 들락거리는 물고기들은 입수염이 긴 것이 특징이에요.

**새코미꾸리**
몸길이 12~20㎝
몸은 주황색이고 작은 반점이 온몸에 흩어져 있어요.

입수염이 주황색이네!

돌 사이를 헤집고 다니면서 먹이를 찾아요.

**얼룩새코미꾸리**
몸길이 12~20㎝
몸은 노란색이고 크고 작은 반점이 온몸에 있어요.

**미유기**
몸길이 25㎝ 내외
몸이 길고 머리가 납작해요.
등지느러미가 매우 작아요.

돌 틈에 잘 숨는구나~

**퉁가리**
몸길이 10㎝ 내외
머리 가운데가 움푹 파였어요.
가슴지느러미 끝에 찔리면 아파요.

금강, 만경강, 영산강 물줄기에 살아요.

**퉁사리**
몸길이 8~10㎝
4쌍의 입수염이 있어요.
퉁가리보다 몸이 퉁퉁해요.

관련 교과 3-2 과학 〈2. 동물의 생활〉 / 3-2 과학 〈3. 지표의 변화〉

# 하류나 하구에 사는 물고기

바닷물과 만나기 전의 시냇물 하류 비탈진 여울에는 자갈이 고루 깔려 있어요. 평탄한 부분에는 떠내려 온 진흙과 모래가 바닥에 깔려 있어요. 바다와 만나는 하구는 냇물로 가거나 바다로 가는 물고기들의 왕래로 붐비는 곳이기도 해요. 바닥에는 펄조개나 재첩 같은 조개가 살고, 꾹저구와 민물두줄망둑, 흰발망둑 등이 터를 잡고 살아요. 냇물에서 살던 꺽정이는 이곳으로 내려와 알을 낳아요.

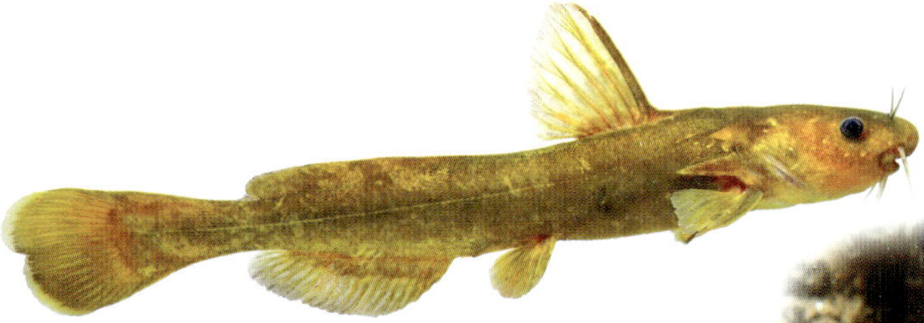

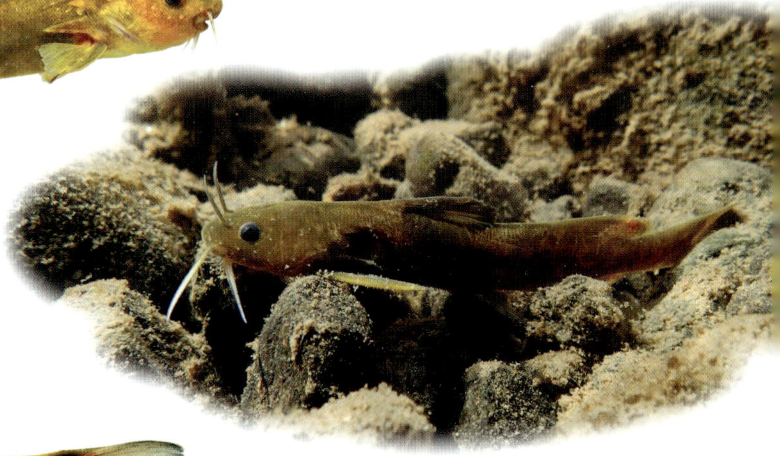

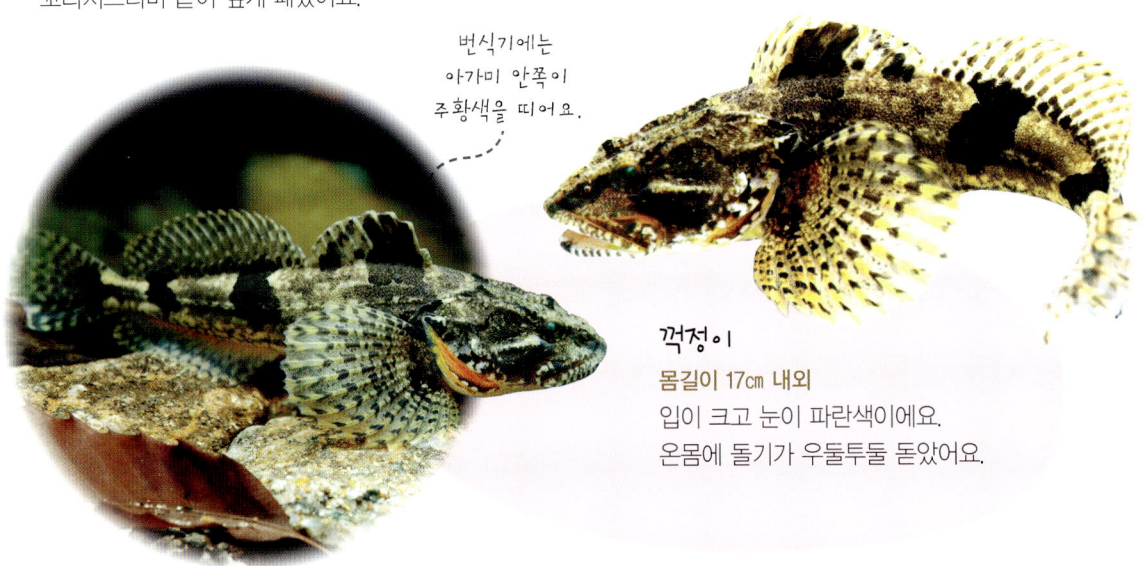

대농갱이

몸길이 40~50㎝

몸은 길쭉하고
4쌍의 짧은 입수염이 있어요.

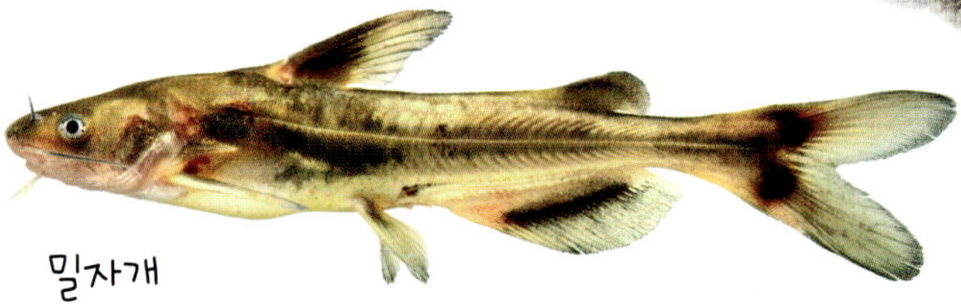

밀자개

몸길이 10~15㎝

꼬리지느러미 끝이 깊게 패였어요.

번식기에는
아가미 안쪽이
주황색을 띠어요.

꺽정이

몸길이 17㎝ 내외

입이 크고 눈이 파란색이에요.
온몸에 돌기가 우둘투둘 돋았어요.

**꺽저구**
몸길이 10㎝ 내외
두 번째 등지느러미와
꼬리지느러미 가장자리가
흰색이에요.

**민물두줄망둑**
몸길이 10㎝ 내외
몸에 2개의 줄무늬가 있어요.
자기 자리를 지키려고
텃세를 부려요.

하류의
모래 바닥에
살아요.

수컷

암컷

**흰발망둑**
몸길이 10㎝ 내외
번식기에는 수컷의 첫 번째
등지느러미 가시가 길어져요.

# 알을 지키는 수컷 물고기

물고기의 번식기가 되면 냇물 속은 시끌시끌해져요. 서로서로 알을 낳느라 암컷과 수컷이 뒤섞여 큰 돌과 자갈 틈을 들락거려요. 그중에는 방금 낳은 다른 물고기의 알을 노리는 물고기도 있어요. 부성애가 남다른 둑중개나 한둑중개, 꺽지, 동사리 등의 수컷은 침입자로부터 암컷이 낳은 알을 지키느라 정신이 없어요. 침입자를 몰아낸 뒤에 새끼가 깨어날 때까지 정성껏 알을 돌봐요.

**버들매치**
**몸길이 8~15㎝**
등지느러미가 커요.
지느러미 무늬가 가지런해요.

**둑중개**
**몸길이 15㎝ 내외**
지느러미에 줄무늬가 있고 몸통보다 밝은색의 반점이 흩어져 있어요.

배 부분에 무늬가 없어요.

**한둑중개**
**몸길이 15㎝ 내외**
둑중개와 매우 닮았어요.
몸통의 무늬가 배까지 이어져요.

강원도 동해안 물줄기에 살아요.

배 부분에 무늬가 있어요.

### 꺽지
**몸길이 15~30㎝**
첫 번째 등지느러미에
가시가 있어요. 아가미 뒤에
파란색 반점이 있어요.

수컷은 새끼가
알에서 깨어난
후에도 한동안
새끼를 돌봐요.

돌 틈에서
위장해 숨어
있어요.

### 동사리
**몸길이 15~18㎝**
입이 매우 커요. 몸에 3개의
커다란 반점이 있어요.

### 미끈망둑
**몸길이 8㎝ 내외**
몸이 가늘고 길어요.
비늘은 없어요.

관련 교과  2-1 여름 〈2. 초록이의 여름 여행〉 / 3-1 과학 〈3. 동물의 한살이〉 / 3-2 과학 〈2. 동물의 생활〉

# 조개의 몸 안에 알을 낳는 물고기 1

물고기는 자손을 퍼트리기 위해 저마다의 방법으로 알을 낳아요. 잉어나 붕어, 메기 등은 알의 일부가 다른 물고기의 먹이가 되거나 도중에 나쁜 일을 당해도 번식에 문제가 없도록 한꺼번에 수만 개의 알을 낳아요. 각시붕어나 한강납줄개, 납자루 등 납자루류의 물고기는 암컷이 긴 산란관으로 냇물에서 사는 조개의 몸 안에 알을 낳아 새끼가 안전하게 깨어나게 하는 방법을 택했어요. 대신에 알은 조금만 낳아요.

물고기가 낳은 알은 조개의 몸 안에서 깨어나요.

**한강납줄개**
몸길이 5~9㎝
비늘에 검은색 색소가 많아 몸 색깔이 어두워요.

암컷   수컷

**각시붕어**
몸길이 4~5㎝
번식기에는 수컷의 몸이 알록달록해져요.

수컷  암컷의 산란관에 알이 나왔어요.  암컷

**떡납줄갱이**
몸길이 4~5㎝
몸이 약간 길쭉해요.
눈동자 위쪽이 빨간색이에요.

수컷

32 다양한 물고기의 세계

### 납자루
**몸길이 5~9㎝**
등지느러미와 뒷지느러미에
빨간색 무늬가 있어요.

### 묵납자루
**몸길이 6~10㎝**
등이 동그랗게 굽어 있어요.
등지느러미 가장자리에
노란색 줄무늬가 있어요.

물고기와 나는
서로 도우며
살아가요.

### 임실납자루
**몸길이 5~6㎝**
등지느러미 가장자리에
주황색 줄무늬가 있어요.

# 조개의 몸 안에 알을 낳는 물고기 2

조개의 몸 안에 들어간 납자루류 물고기의 알은 조개의 아가미에 붙어 부화를 시작해요. 조개는 자연재해나 천적의 위협으로부터 이들의 알을 안전하게 지켜 주는 인큐베이터 역할을 해요. 한편 물속에서 느릿느릿 움직이는 조개가 자손을 사방에 널리 퍼트리려면 물고기의 도움이 필요해요. 조개는 알을 낳기 위해 다가오는 물고기의 몸에 자기의 새끼(유생)를 내뿜어 달라붙게 해요.

### 줄납자루
**몸길이 6~10㎝**
아가미 뒤의 반점에서 꼬리까지
이어지는 청록색의 긴 줄무늬가 있어요.

### 큰줄납자루
**몸길이 9~12㎝**
줄납자루보다 몸집이 커요.
몸은 초록색을 띠어요.

### 납지리
**몸길이 6~10㎝**
초록색 줄무늬가 있어요. 지느러미는 분홍색이에요.
번식기에는 줄무늬와 지느러미의 색이 진해져요.

조개의 몸 안에서 깨어난
물고기의 새끼가 조개를
빠져나오고 있어요.

### 큰납지리
**몸길이 6~15㎝**
몸에 파란색 반점이 있어요.
뒷지느러미 가장자리가
흰색이에요.

### 가시납지리
**몸길이 8~12㎝**
뒷지느러미 가장자리가
검은색이에요.

### 참중고기
**몸길이 8~10㎝**
등지느러미 가운데에
굵은 줄무늬가 있어요.

조개는 자손을 널리 퍼트리려고 자신의 새끼(유생)를 내뿜어 물고기의 몸에 달라붙게 해요.

납자루류처럼 참중고기와 중고기도 조개에 알을 낳아요.

관련 교과  3-1 과학 〈3. 동물의 한살이〉 / 3-2 과학 〈2. 동물의 생활〉

# 알을 낳기 위해 둥지를 짓는 물고기

물고기가 알을 낳는 또 하나의 방법은 알 둥지를 짓는 것이에요. 큰가시고기와 가시고기, 잔가시고기는 식물의 가지를 입으로 물어다 든든한 수초의 줄기에 둥지를 지어요. 버들붕어는 자기의 입에서 나오는 끈끈한 액체로 거품을 만들어 물 위에 알 둥지를 만들어요. 가물치는 암수가 함께 식물을 물어와 물 위에 둥지를 지어요. 암컷이 둥지 안에 알을 낳으면 수컷은 새끼가 알에서 깨어날 때까지 둥지 곁에서 알을 돌봐요.

수컷

**큰가시고기**
몸길이 13㎝ 내외
등에 3개의 커다란 가시가 있어요.

수컷이 둥지를 지킬 때는 몸이 빨개져요.

수컷

암컷

**가시고기**
몸길이 9㎝ 내외
가시막이 투명해요.
꼬리자루가 가늘어요.

**잔가시고기**
몸길이 7㎝ 내외
가시막이 검은색이에요.
꼬리자루가 길어요.

36 다양한 물고기의 세계

뽀글뽀글 입에서 공기 방울이 나오고 있어요.

암컷은 지느러미가 길지 않아요.

수컷

암컷

### 버들붕어
**몸길이 7㎝ 내외**
등지느러미와 뒷지느러미가 길어요.
아가미에 파란색 반점이 있어요.

가물치는 암수가 함께 둥지의 알을 지켜요.

### 가물치
**몸길이 50~80㎝**
몸이 길고 입이 커요.
등지느러미와 뒷지느러미가 길어요.

**관련 교과** 3-1 과학 〈3. 동물의 한살이〉 / 3-2 과학 〈2. 동물의 생활〉

# 다른 물고기의 알자리에 알을 낳는 물고기

새 중에 뻐꾸기는 자신의 알을 다른 새의 둥지에 몰래 낳아요. 이 사실을 모르는 둥지의 주인 어미 새는 뻐꾸기의 알과 자기의 알을 같이 품고 새끼가 깨어나면 자기 자식처럼 정성으로 키워요. 냇물에도 뻐꾸기 같은 물고기가 있어요. 돌고기와 감돌고기, 가는돌고기는 자기들보다 먼저 알을 낳아 지키고 있는 꺽지의 둥지로 몰려가 알을 낳고 떠나 버려요. 부성애가 강한 꺽지는 자기의 알과 함께 돌고기 삼총사의 알을 돌봐요.

**돌고기**
몸길이 7~10㎝
긴 줄무늬가 있어요.
지느러미에는 무늬가 없어요.

입 모양이 돼지코를 닮았어요.

**감돌고기**
몸길이 7~10㎝
긴 줄무늬가 있어요.
지느러미마다 줄무늬가 있어요.

돌이 많은 여울에서 떼 지어 다녀요.

무리 지어 헤엄쳐 다녀요.

### 가는돌고기
**몸길이 8~10㎝**
몸이 연필처럼 가늘고 긴 줄무늬가 있어요. 입이 둥글어요.

꺽지는 정말 좋은 아빠야!

**살펴보아요!**

### 꺽지와 돌고기 삼총사

대부분의 물고기들은 자신이 낳은 알을 돌보지 않아요. 다른 물고기에게 먹히거나 물살에 떠내려가도 한꺼번에 많은 수의 알을 낳기 때문에 번식에 큰 문제는 없어요. 반대로 알을 적게 낳는 물고기는 알을 잃어버리지 않게 조개의 몸속에 낳아 두거나, 힘센 수컷이 알을 철통같이 지켜요.
돌고기 삼총사는 꺽지의 알자리에 집단으로 몰려가 꺽지 수컷을 정신없게 한 다음 얼른 알을 낳고 도망가요. 알자리를 지키려고 애쓰던 꺽지는 하는 수 없이 이들의 알까지 돌봐요.

관련 교과  3-1 과학 〈3. 동물의 한살이〉 / 3-2 과학 〈2. 동물의 생활〉

# 알자리를 청소하는 물고기

수컷 물고기들은 번식기에 정말 바빠요. 경쟁자로부터 짝짓기 상대를 지켜야 하고 둥지도 보호해야 해요. 이에 더해 암컷이 깨끗한 환경에서 알을 낳도록 알자리를 청소하는 물고기가 있어요. 참붕어 수컷은 돌의 겉면을 깨끗이 청소해 암컷이 알을 낳게 해요. 밀어나 좀구굴치, 검정망둑 등은 둥지로 삼은 돌의 아랫면을 깨끗하게 청소해요.

**참붕어**
몸길이 6~8㎝
주둥이가 뾰족해요.
물풀이 많은 곳에
떼 지어 다녀요.

수컷

번식기에 수컷은 주둥이 주변이 삐죽삐죽 솟아요.

돌의 아랫면을 깨끗이 청소해요.

**좀구굴치**
몸길이 4~5㎝
크기가 작아요.
물풀이 많은 곳에 살아요.

다양한 물고기의 세계

**밀어**
몸길이 6~8cm
이마에 V자 모양의
빨간색 무늬가 있어요.

돌 밑의 모래를
치우고 있어요.

**검정망둑**
몸길이 8~10cm
첫 번째 등지느러미가
매우 길어요.
뺨에 파란색 반점이 있어요.

# 모래가 많은 곳에서 생활하는 물고기 1

돌과 자갈이 많은 곳 아래쪽의 바닥에는 모래가 깔려 있어요. 누치와 참마자는 먹이를 찾으려고 삐죽 튀어나온 주둥이로 모래 속을 파헤치기도 해요. 누치는 사람 팔뚝 크기만큼 자라는 큰 물고기예요. 왜매치는 크기가 매우 작아서 이름에 작은 것을 뜻하는 한자인 '왜(矮)'가 붙었어요.

**줄몰개**
몸길이 5~10cm
굵은 줄무늬 위아래로
가는 줄무늬가 있어요.

모래를 주둥이로 파헤쳐 먹이를 찾아요.

**누치**
몸길이 25~60cm
주둥이가 뾰족해요.
지느러미에 무늬가 없어요.

모래 속에 숨기도 해요.

**참마자**
몸길이 15~30cm
주둥이가 뾰족해요.
작은 점이 많고
큰 반점이 일렬로 있어요.

**왜매치**

몸길이 6~8cm
지느러미에 삐뚤빼뚤한 줄무늬가 있어요.

암컷

번식기에는 수컷의 가슴지느러미 앞에 뾰족한 돌기가 돋아요.

**버들매치**

몸길이 8~15cm
주둥이가 뭉툭해요.
지느러미에 가지런한 줄무늬가 있어요.

**모래주사**

몸길이 8~10cm
몸이 길어요.
가슴지느러미 안쪽이 붉은색이에요.

43

**관련 교과** 3-2 과학 〈2. 동물의 생활〉 / 3-2 과학 〈3. 지표의 변화〉

# 모래가 많은 곳에서 생활하는 물고기 2

시냇물이 빠르게 흐르는 여울에는 돌과 자갈이 많고, 물이 천천히 흐르는 곳에는 바닥에 모래가 깔려 있어요. 물살에 떠내려가던 모래가 물이 천천히 흐르는 평지에 이르자 가라앉았기 때문이에요. 이곳의 물고기들은 모래 안에 숨어 있는 먹이를 걸러 먹고 생활하며, 위험을 느끼면 재빨리 모래 속으로 숨어요.

**동경모치**
몸길이 7~10㎝
주둥이가 짧고 눈이 커요.
비늘이 마름모꼴이에요.

**기름종개**
몸길이 10~15㎝
제일 아래에 있는 점줄 무늬가
굵고 뚜렷해요. 수컷은
가슴지느러미가 길어요.

**점줄종개**
몸길이 8㎝ 내외
맨 아래 점줄무늬는 번식기에
서로 연결되기도 해요.

암컷

암컷

수컷은
가슴지느러미가
뾰족해요.

44 다양한 물고기의 세계

번식기에는 수컷의
가슴지느러미 끝이
뾰족해져요.

### 줄종개
**몸길이 10~15㎝**
맨 아래쪽의 줄무늬는
꼬리 쪽에서 점줄을
이루어요.

하류의 모래가
많은 곳에서
살아요.

### 종어
**몸길이 50㎝ 이상**
4쌍의 입수염이 있어요.
눈이 매우 작아요.

한강과 금강에
살았으나 지금은
발견되지 않고 있어요.

## 살펴보아요!

### 임금님의 수랏상에 올랐던 종어는 왜 사라졌을까?

동자개과에 속하는 물고기인 종어는 같은 과의 물고기 중 크기가 가장 큰 물고기예요. 강 하류의 모래가 많은 곳에서 살아요. 종어는 맛이 뛰어나 옛날에 임금에게 진상될 정도로 귀한 물고기였어요. 우리나라의 한강과 금강의 하류에 살았으나 점점 수가 줄다가 1970년대 이후 아예 자취를 감춰 더 이상 발견되지 않고 있어요.
사람들은 남획과 강물의 오염을 종어가 사라진 가장 큰 이유로 꼽고 있어요. 최근 우리나라의 물고기 연구 기관에서는 사라진 종어를 되살리려는 연구를 계속하고 있고 좋은 성과를 거두고 있다고 해요.

어린 종어의 모습

관련 교과 3-2 과학 〈2. 동물의 생활〉

# 다른 물고기에게 텃세 부리는 물고기

"내 영역에 들어오지 마." "난 혼자 있고 싶어!"라고 외치듯 다른 물고기에게 텃세를 부리는 물고기가 있어요. 묵납자루와 칼납자루는 다른 물고기가 다가오면 쏜살같이 달려들어 주둥이로 상대의 몸통을 들이받아 쫓아내요. 밀어는 돌 하나를 차지하고 주변을 경계하며 순찰해요. 버들붕어 수컷은 싸움꾼으로 태어났어요. 번식기에 수컷들은 암컷을 서로 차지하려고 어느 한쪽이 다치거나 힘이 빠져 물러날 때까지 싸워요.

**묵납자루**
몸길이 6~10cm
등지느러미 가장자리에 노란색 줄무늬가 있어요.

주둥이로 침입자의 몸을 부딪쳐 쫓아내요.

**칼납자루**
몸길이 6~8cm
몸 색깔은 짙은 갈색이에요.
등지느러미 가장자리에 주황색 줄무늬가 있어요.

돌 하나를 차지하고 텃세를 부려요.

**밀어**
몸길이 6~8cm
이마에 V자 모양의 빨간색 무늬가 있어요.

**민물검정망둑**
몸길이 10~15cm
몸이 어두운 갈색이에요.
뺨에 파란색 점이 많아요.

자기 영역 주변을 감시하고 있어요.

**민물두줄망둑**
몸길이 10cm 내외
몸에 2개의 줄무늬가 있어요.
텃세가 심해요.

가까이 오지 마!

수컷끼리 마주치면 맹렬하게 싸워요.

**버들붕어**
몸길이 7cm 내외
등지느러미와 뒷지느러미가 길어요.
아가미에 파란색 점이 있어요.

관련 교과  2-2 겨울 〈2. 겨울 탐정대의 친구 찾기〉 / 3-2 과학 〈2. 동물의 생활〉

# 어두운 밤에 많이 활동하는 물고기

여름이 되면 봄에 알에서 깨어난 물고기 새끼들과 물속에 사는 곤충 등이 늘어나 냇물이 북적대요. 이때 이들을 잡아먹고 사는 물고기의 활동도 더불어 늘어나요. 환한 낮에는 큰 돌이나 수초가 우거진 곳에 있다가 어두운 밤에 더 많이 활동해요. 메기나 남방동사리, 쏘가리 등은 작은 물고기를, 동자개 무리는 물속의 곤충이나 작은 동물을 잡아먹어요.

낮에는 수초나 큰 돌 사이에 숨어 있어요.

**메기**
몸길이 30~50㎝
입수염이 길어요.
등지느러미는 작고
뒷지느러미는 매우 길어요.

**동자개**
몸길이 20㎝ 내외
4쌍의 입수염이 있어요.
꼬리지느러미가
둘로 갈라졌어요.

손에 올려놓으면
'빠각빠각' 하고
소리를 내요.

**꼬치동자개**
몸길이 8~10㎝
4쌍의 입수염이 있어요.
꼬리지느러미 끝이 약간 오목해요.

**남방동사리**
몸길이 10~14㎝
등 위에서 보면
무늬가 리본처럼
보여요.

우리나라의 남쪽
거제도에만 살아요.

쏘가리는
밤에 활동하며
다른 물고기를 잡아먹는
물속의 맹수예요.

**쏘가리**
몸길이 60~70㎝
첫 번째 등지느러미 끝이
뾰족해요. 몸통에
표범 무늬가 있어요.

**황쏘가리**
몸길이 60㎝ 내외
쏘가리와 생김새가 같아요.
표범 무늬가 없거나
희미하게 있어요.

몸이 노란색이에요.

### 살펴보아요!

#### 쏘가리와 황쏘가리는 어떤 점이 다를까?

쏘가리는 몸이 옆으로 납작해요. 등지느러미는 2개가 있고 앞쪽에 있는 등지느러미에는 뾰족한 가시가 있어요. 뒷지느러미 앞에도 가시가 있어요. 바위나 큰 돌이 많은 곳에 살면서 밤에 주로 활동하고, 다른 물고기를 잡아먹고 살아요. 쏘가리 중에 색소 결핍 현상으로 표범 무늬가 없어지거나, 무늬가 조금만 남은 채 노란색을 띠는 것들을 '황쏘가리'라고 불러요. 북한강에 귀하게 나타나 천연기념물 제190호로 지정되었고, 모여 사는 강원도 화천군 동촌리 일대는 제532호로 지정되었어요.

쏘가리의
몸 색깔과 무늬

황쏘가리의
몸 색깔과 무늬

관련 교과  3-2 과학 〈2. 동물의 생활〉 / 3-2 과학 〈3. 지표의 변화〉

# 여울에서 빠르게 헤엄치는 물고기

시냇물이 비탈진 곳을 만나 빠르게 흐르는 곳을 '여울'이라고 해요. 바닥에는 오랜 세월 동안 물살에 귀퉁이가 깎여 나간 돌이 여러 층으로 쌓여 있어요. 여울에서 사는 물고기들은 눈에 안 보일 정도로 빠른 속도로 헤엄쳐요. 쉬리나 새미, 꾸구리, 돌상어 같은 물고기의 가슴지느러미는 여울의 물살을 타고 돌 사이를 쉽게 다니도록 강하게 발달되어 있어요.

**쉬리**
**몸길이 10~15cm**
지느러미마다 줄무늬가 있어요.
여울에서 잘 헤엄쳐요.

**새미**
**몸길이 10~12cm**
모든 지느러미 앞부분이 빨간색이에요.

깨끗한 찬물에 살아요.

50  다양한 물고기의 세계

어두워지면
눈동자가 커져요.

빛의 밝기에 따라
눈꺼풀을 열었다 닫아요.

### 꾸구리
**몸길이** 7~12㎝
가슴지느러미가 튼튼해요.
눈꺼풀이 열렸다 닫혔다 해요.

돌바닥을 빠르게
헤엄쳐요.

### 돌상어
**몸길이** 10~13㎝
머리가 납작해서 자갈 밑을
잘 파고 들어가요.

아가미 뚜껑이
파란색이에요.

### 여울마자
**몸길이** 6~10㎝
몸에는 초록색 반점이 있어요.

51

관련 교과  3-2 과학 〈2. 동물의 생활〉 / 3-2 과학 〈3. 지표의 변화〉

# 여울의 밑에서 사는 물고기

냇물이 빠르게 흐르는 여울의 밑은 물살에 바닥이 패여 조금 깊어지고 물 흐름이 느려지는데 이런 곳을 '소'라고 해요. 바닥에는 모래와 자갈, 바위가 있어요. 어름치는 봄에 알을 낳고 주변의 돌을 물어다 알을 덮어요. 알 낳기를 여러 차례 반복하면 알 낳은 곳이 탑처럼 수북하게 쌓여요. 돌마자와 배가사리는 무리 지어 다니면서 큰 돌이나 바위에 붙어 있는 조류를 갉아 먹어요.

알을 낳은 자리에 자갈을 높이 쌓아요.

**어름치**
몸길이 20~45㎝
1쌍의 입수염이 있어요.
작은 반점이 온몸에 있어요.

암컷

**돌마자**
몸길이 5~12㎝
주둥이가 뭉툭해요.
가슴지느러미 앞부분이
빨간색이에요.

입술과
가슴지느러미
안쪽이 빨개요.

52 다양한 물고기의 세계

여러 마리가 무리 지어 활동해요.

**배가사리**
몸길이 8~15㎝
등지느러미가 커요.
모든 지느러미 가장자리가 붉은색이에요.

**열목어**
몸길이 70㎝ 내외
눈동자 모양의 무늬가 있어요.

**얼룩동사리**
몸길이 15~20㎝
입이 크고 이빨이 촘촘해요.
몸에 얼룩무늬가 있어요.

돌 틈에 몸을 숨기고 있어요.

# 돌 사이를 헤집고 다니는 물고기 1

바닥에 돌이 많은 냇물 속을 가만히 들여다보면 긴 몸을 구불구불 구부리며 돌 틈을 헤집고 다니는 물고기가 있어요. 입으로는 고운 모래를 물고 연신 오물거리다 아가미 밖으로 뱉어내요. 대륙종개와 종개, 참종개, 남방종개 등 종개과와 미꾸리과에 속하는 물고기들이 먹이 활동을 하는 모습이에요. 이들은 물고기에 있는 공기주머니인 부레의 크기가 다른 물고기보다 작아요.

우리나라 태백산맥 서쪽 중부 지방에 살아요.

**대륙종개**
몸길이 12~20㎝
몸이 길쭉해요. 얼룩무늬가 촘촘하게 있어요.

**종개**
몸길이 10~15㎝
대륙종개보다 얼룩무늬가 약간 커요.

강원도 강릉과 그 북쪽 물줄기에 살아요.

**참종개**
몸길이 10~18㎝
몸 가운데에 고드름을
닮은 무늬가 있어요.

수컷

돌 틈을 요리조리
헤집고 다녀요.

**남방종개**
몸길이 10~15㎝
몸 가운데의 무늬가
참종개보다 가늘어요.

수컷

남부 지방의 영산강과
탐진강 물줄기에 살아요.

경상북도의 형산강과
주변 물줄기에 살아요.

수컷

**동방종개**
몸길이 10㎝ 내외
몸 가운데에 있는 무늬는
짧고 끝이 뾰족하지 않아요.

관련 교과 3-2 과학 〈2. 동물의 생활〉

# 돌 사이를 헤집고 다니는 물고기 2

냇물 바닥에 켜켜이 쌓여 있는 돌 틈과 모래 속에는 물고기의 먹이가 되는 작은 물벌레가 있어요. 부안종개, 왕종개, 북방종개, 좀수수치 등은 몸이 가늘고 날씬해 어렵지 않게 좁은 돌 틈을 들락거려요. 하지만 이들은 부레가 작아 다른 물고기처럼 물 중간에 오랜 시간 떠 있거나 유유히 헤엄칠 수 없어요. 멀리 이동할 땐 몸을 좌우로 크고 빠르게 움직여 앞으로 나아가요.

수컷

**부안종개**
**몸길이 6~8㎝**
등에는 굵은 무늬가 있고 그 아래에 막대 모양의 무늬가 있어요.

암컷

전라북도 부안의 백천에만 살아요.

수컷

**왕종개**
**몸길이 10~18㎝**
몸집이 커요. 아가미 뒤쪽에 있는 첫 번째 무늬의 색이 짙어요.

우리나라 남부 지방의 물줄기에 살아요.

다양한 물고기의 세계

강원도 강릉과
그 북쪽 물줄기에
살아요.

### 북방종개
**몸길이 8~10㎝**
몸 가운데에 역삼각형 또는
하트 모양의 무늬가 있어요.

암컷

### 좀수수치
**몸길이 5㎝ 내외**
몸집이 매우 작아요.
막대 모양의 무늬가
촘촘하게 있어요.

우리나라
남부 고흥과 일부
섬 지방에 살아요.

섬진강 물줄기에
살아요.

### 섬진자가사리
**몸길이 10㎝ 내외**
꼬리지느러미에
초승달 무늬가 있어요.

관련 교과 3-2 과학 〈2. 동물의 생활〉

# 돌 밑에 잘 숨는 물고기

냇물의 상류나 중류의 여울에는 크고 작은 돌이 많아요. 모래나 진흙은 빠른 물살에 떠내려가 아래쪽 물 흐름이 느린 곳에 쌓여요. 돌 밑 공간은 물의 흐름이 약해 물고기들이 편히 쉴 수 있어요. 또 위협을 느끼면 몸을 숨기는 장소이기도 하고 먹이가 되는 수서곤충도 살아요. 물고기에게 돌 밑 공간은 먹이를 제공하고 안전을 지켜 주는 안식처예요.

**수수미꾸리**
몸길이 15~18cm
띠 모양의 줄무늬가
온몸에 있어요.

**눈동자개**
몸길이 30cm 내외
4쌍의 입수염이 있어요.
꼬리지느러미 끝이 오목해요.

**자가사리**
몸길이 6~10cm
몸통이 황갈색이고 지느러미
가장자리에는 노란색 띠가 있어요.

다양한 물고기의 세계

### 둑중개
**몸길이 15㎝ 내외**
지느러미에 줄무늬가 있고 몸통보다 밝은색의 반점이 흩어져 있어요.

### 갈문망둑
**몸길이 7~9㎝**
밀어와 비슷하게 생겼지만 이마에 V자 모양의 무늬가 없어요.

밀어보다 더 하류 쪽에 살아요.

### 민물검정망둑
**몸길이 10~15㎝**
몸이 통통해요. 뺨에 있는 파란색 반점의 크기가 작아요.

관련 교과  3-2 과학 〈2. 동물의 생활〉

# 모래 속에 잘 숨는 물고기

냇물의 가운데 층이나 수면 가까이에서 헤엄치는 물고기들은 무언가에 놀라거나 위협적인 일이 생기면 빠르게 헤엄쳐서 그 자리를 벗어나요. 참마자나 모래무지, 흰수마자, 미호종개, 강주걱양태 등 모래 바닥에서 생활하는 물고기들은 그런 일을 당하면 재빨리 모래를 파고들어가 몸을 숨겨요. 모래무지나 흰수마자, 강주걱양태는 얼마 후 모래 속에서 눈만 빼꼼 내밀어 주변을 살펴요.

**참마자**
몸길이 15~30㎝
주둥이가 뾰족해요.
작은 점이 많고
큰 반점이 일렬로 있어요.

먹이를 먹고 나면
모래가 깨끗해져서
'물속의 청소부'라고
불러요.

**모래무지**
몸길이 15~30㎝
긴 주둥이로 모래를 빨아들여
먹이를 걸러 먹어요.

모래무지의 새끼

60  다양한 물고기의 세계

# 수면 가까이에서 헤엄치는 물고기

깊이가 얕고 천천히 흐르는 냇물을 관찰하다 보면 수면 가까이에서 활동하는 작은 물고기를 볼 수 있어요. 왜몰개나 송사리는 물 표면을 헤엄치며 물 위에 떨어지는 작은 곤충이나 플랑크톤을 먹어요. 조금 깊고 넓은 냇물에서는 끄리나 강준치 같은 덩치 큰 물고기들이 수면 가까이 올라온 작은 물고기를 잡아먹어요.

송사리가 사는 곳에서 같이 살아요.

**왜몰개**
몸길이 4~6cm
몸집이 작아요. 농수로나 연못 같은 곳에 많이 살아요.

암컷

**끄리**
몸길이 20~40cm
피라미와 비슷해요.
입이 삐뚤빼뚤 휘어졌어요.

**눈불개**
몸길이 30~50cm
눈이 크고 등지느러미는 삼각형이에요.

눈이 붉어서 '눈불개'라고 해요.

### 강준치
몸길이 40~50㎝
머리가 작아요. 비늘이 매우 많고 두께가 얇아요.

다 자라면 넓은 곳으로 나가 살아요.

우리나라 영동 지방과 남부 지방에 살아요.

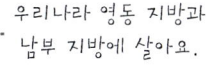 수컷

### 송사리
몸길이 4㎝ 내외
몸집이 작아요. 등지느러미가 꼬리 쪽에 있어요.

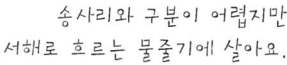
송사리와 구분이 어렵지만 서해로 흐르는 물줄기에 살아요.

 수컷

### 대륙송사리
몸길이 3~4㎝
송사리보다 크기가 조금 작아요.

 살펴보아요!

## 송사리와 대륙송사리의 알 낳기

번식기에 송사리 암컷의 배에는 수정된 알이 마치 포도송이처럼 달려요. 이리저리 헤엄쳐 다니다가 물풀의 가지나 잎에 알을 붙여요. 알에는 거미줄처럼 끈끈한 실이 있어서 처음 붙인 곳에서 떨어지지 않아요. 송사리는 1년에 여러 차례 알을 낳아요.

포도송이 같은 알이 배에 매달려 있어요.

물풀에 달린 송사리의 알

> 관련 교과 3-2 과학 〈2. 동물의 생활〉

# 다른 물고기를 먹고 사는 물고기

자연의 생태계에는 약자가 강자에게 먹히는 먹이사슬이 존재해요. 물속 세상에서 강자에 속하는 메기나 쏘가리, 꺽지 등은 자기보다 작은 다른 물고기를 잡아먹어요. 그러나 먹이가 되는 물고기들도 자기보다 약한 상대를 먹이로 삼아요. 먹이사슬의 꼭대기에 있는 물고기라도 어릴 적엔 자기의 먹이가 되는 물고기에게 먹히기도 하는 것이 자연 생태계의 법칙이에요.

**끄리**
몸길이 20~40㎝
피라미와 비슷해요.
입이 삐뚤빼뚤 휘어졌어요.

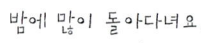

밤에 많이 돌아다녀요.

**메기**
몸길이 30~50㎝
입이 커요. 등지느러미는 작고 뒷지느러미는 매우 길어요.

**동자개**
몸길이 20㎝ 내외
4쌍의 입수염이 있어요.
꼬리지느러미가 둘로 갈라졌어요.

큰 돌 틈이나 바위 아래에 잘 숨어 있어요.

**쏘가리**
몸길이 60~70㎝
첫 번째 등지느러미 끝이 날카로워요.
몸통에 표범 무늬가 있어요.

**꺽지**
몸길이 15~30㎝
첫 번째 등지느러미 가시가 있어요.
몸통에 흰 점무늬가 있어요.

### 배스
**몸길이 45~60㎝**
입이 매우 커요.
꼬리지느러미 가장자리에
검은색 무늬가 있어요.

주변의 다른 물고기를 모조리 먹어 치워요.

### 동사리
**몸길이 15~18㎝**
입이 매우 커요. 몸에 3개의
커다란 반점이 있어요.

얼룩동사리가 지나가는 물고기를 잡아먹고 있어요.

### 얼룩동사리
**몸길이 15~20㎝**
입이 크고 이빨이 촘촘해요.
몸에 얼룩무늬가 있어요.

### 가물치
**몸길이 50~80㎝**
입이 크고 몸이 길어요.
등지느러미와 뒷지느러미가 길어요.

물풀 아래에 잘 숨어 있어요.

# 찬물에 사는 물고기

우리나라는 사계절이 뚜렷하고 계절별로 냇물의 온도 차가 심해요. 우리나라에 사는 대개의 물고기는 여름에 높고 겨울에 낮은 수온에 적응하도록 진화해 왔어요. 그런데 새미, 연준모치, 금강모치 등은 수온이 20℃ 이하의 찬물에서만 살아요. 사는 곳은 주로 숲이 우거진 계곡의 냇물이에요. 차가운 물이 흐르는 물줄기의 상류 지역에서만 살아요.

**새미**
몸길이 10~12cm
지느러미 앞부분이
빨간색이에요.

**연준모치**
몸길이 6~8cm
황금색과 검은색 줄무늬가
특징이에요.

**버들개**
몸길이 12cm 내외
몸통에 짙은 갈색
줄무늬가 있어요.

**금강모치**
몸길이 7~10cm
몸통에 2개의 주황색
줄무늬가 있어요.

**빙어**
몸길이 15cm 내외
몸이 길고 비늘이 반짝반짝 빛나요.

### 열목어
**몸길이 70㎝ 내외**
눈동자 모양의 무늬가 있어요.
빠른 물살을 잘 거슬러 올라가요.

### 홍송어
**몸길이 30~70㎝**
몸통에 밝은색의
작은 점이 있어요.

### 산천어(송어)
**몸길이 20㎝ 내외(산천어) / 60㎝ 내외(송어)**
송어는 바다에서 살다가
태어난 냇물로 돌아와 알을 낳아요.

어릴 때 바다로 나가는 것은 '송어',
바다로 나가지 않고 냇물에서 사는 것은 '산천어'라고 불러요.
송어는 바다에서 살다가 알을 낳으러 냇물로 돌아와요.

어린 산천어들은
무리 지어 헤엄쳐요.

# 갯벌에 굴을 파는 물고기

달의 인력과 지구의 원심력에 의해 바닷가 갯벌에는 하루에 두 차례 바닷물이 드나들어요. 개펄 위에서 활동하는 말뚝망둥어나 짱뚱어는 바닷물이 밀려오면 개펄에 파놓은 굴속으로 들어갔다가 물이 빠지면 굴 밖으로 나와 활동해요. 문절망둑이나 풀망둑, 개소겡은 개펄에 생긴 웅덩이나 냇물과 바닷물이 만나는 곳의 바닥에 굴을 파고 살아요.

**문절망둑**
몸길이 25㎝ 내외
머리가 둥글어요.
꼬리지느러미에 줄무늬가 있어요.

**풀망둑**
몸길이 50㎝ 내외
몸이 길어요.
꼬리지느러미에 무늬가 없어요.

**모치망둑**
몸길이 5㎝ 내외
수컷은 첫 번째 등지느러미 가시가 암컷보다 길어요.

**짱뚱어**
몸길이 15~20㎝
입이 커요.
첫 번째 등지느러미가 왕관 모양이에요. (12쪽 보기)

### 말뚝망둥어
**몸길이 10㎝ 내외**
가슴지느러미를 발처럼 사용해
개펄을 돌아다녀요.

영차 영차~
굴을 한번
파 볼까?

### 큰볏말뚝망둥어
**몸길이 8~10㎝**
첫 번째 등지느러미가
말뚝망둥어보다 커요.

개펄에 길이 여러 갈래인
굴을 파고 지내요.

### 개소겡
**몸길이 35㎝ 내외**
몸이 길어요.
개펄에 구멍을 파고 살아요.

개펄에 물이
빠지자 말뚝망둥이가
굴 밖으로 나왔어요.

관련 교과 3-2 과학 〈2. 동물의 생활〉

# 원시의 특징이 남아 있는 물고기

턱이 없고 입이 둥근 형태의 지구 최초의 물고기는 고생대 중간인 데본기(3억 9천만 년 전~3억 4천만 년 전)에 멸종됐어요. 칠성장어와 다묵장어는 조상 물고기의 특징을 지금도 지니고 있어요. 철갑상어류의 조상은 고생대 말 페름기(2억 8천만 년 전~2억 2천5백만 년 전)에 살았어요. 현재 철갑상어의 몸에는 조상 물고기의 특징인 굳비늘(골질로 이루어진 딱딱한 물고기의 비늘)이 있어요.

칠성장어의 화석

**칠성장어**
몸길이 40~50㎝
눈 뒤에 7개의 아가미구멍이 있어요.

칠성장어의 입(빨판)

**다묵장어**
몸길이 20㎝ 내외
턱이 없고 입이 빨판처럼 동그래요. 7쌍의 아가미구멍이 있어요.

좌우 7쌍의 구멍으로 숨을 쉬어요.

다묵장어는 4~5년의 유생기를 거쳐요.

다묵장어 유생(새끼)

멋진 철갑상어가 여러 종이 있네!

**철갑상어**
**몸길이 130㎝ 내외**
등과 몸통, 배 쪽에 골판이 우둘투둘하게 나 있어요.

'베스테르'종 철갑상어

굳비늘

천천히 성장하면서 오래 살아요.

어린 '스텔렛'종 철갑상어

'베스테르'종 철갑상어

어릴 때 뚜렷하던 굳비늘은 자라면서 피부에 묻혀서 희미해져요.

### 살펴보아요!

#### 칠성장어와 다묵장어

칠성장어와 다묵장어는 턱이 없고 입이 동그래요. 입은 빨판의 기능을 갖고 있어요. 이 형태는 고대 물고기의 화석에서 확인된 특징과 같아요. 그래서 칠성장어나 다묵장어는 '살아 있는 화석 물고기'라고도 해요.
칠성장어는 바다에서 빨판으로 다른 물고기의 몸에 붙어 날카로운 이빨로 상처를 낸 후 체액을 빨아 먹고 살아요. 그러다가 봄에 알을 낳으러 냇물로 올라와요. 다묵장어는 바다로 가지 않고 일생을 냇물에서만 살아요.

동그란 다묵장어의 입

다묵장어 새끼의 머리 부분

관련 교과 3-2 과학 〈2. 동물의 생활〉

# 다른 방법으로 숨 쉬는 물고기

물고기는 입으로 빨아들인 물을 미세혈관이 발달된 아가미로 보내 물속에 녹아 있는 산소를 흡수하는 방법으로 호흡해요. 이처럼 아가미 호흡을 하면서 다른 방법으로도 호흡하는 물고기가 있어요. 미꾸리와 미꾸라지는 창자로도 호흡해요. 드렁허리의 턱 밑에는 공기를 가두는 공기주머니가 있어요.

### 미꾸리
**몸길이 10~17㎝**
3쌍의 입수염이 있어요.
산소가 적은 환경에서도 잘 살아요.

물 위에서 들이마신 공기를 창자로 보내 산소를 빨아들이고 나머지 공기는 항문으로 내보내요.

미꾸리와 미꾸라지는 같은 방법으로 숨을 쉬어요.

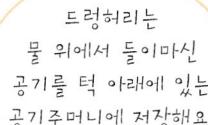

### 미꾸라지
**몸길이 20㎝ 내외**
미꾸리보다 입수염이 길어요.
진흙이 많은 곳에 살아요.

### 드렁허리
**몸길이 60㎝ 내외**
몸이 뱀처럼 길어요. 암컷으로 태어나 나중에 수컷으로 바뀌어요.

드렁허리는 물 위에서 들이마신 공기를 턱 아래에 있는 공기주머니에 저장해요.

다양한 물고기의 세계

**짱뚱어**
몸길이 15~20㎝
입이 커요.
첫 번째 등지느러미가
왕관 모양이에요.

피부의 돌기로
숨을 쉬어요.

**큰볏말뚝망둥어**
몸길이 8~10㎝
첫 번째 등지느러미가
말뚝망둥어보다 커요.

말뚝망둥어와
큰볏말뚝망둥어는
아가미 안쪽의 기관에
물을 머금고
숨을 쉬어요.

**말뚝망둥어**
몸길이 10㎝ 내외
가슴지느러미를 발처럼
사용해 개펄을 돌아다녀요.

버들붕어와 가물치는
물 위에서 들이마신 공기를
아가미 안의 위쪽에 있는
호흡 기관으로 보내
숨을 쉬어요.

**버들붕어**
몸길이 7㎝ 내외
등지느러미와 뒷지느러미가
길어요. 아가미에 파란색
반점이 있어요.

**가물치**
몸길이 50~80㎝
입이 크고 몸이 길어요.
등지느러미와
뒷지느러미가 길어요.

# 다른 나라에서 온 물고기

우리나라의 내와 큰 강에는 모두 235종의 물고기가 살아요. 이스라엘잉어, 떡붕어, 초어, 무지개송어 등의 물고기는 원래 우리나라에는 살지 않았어요. 1960년~1970년대에 식용으로 번식시킬 목적으로 들여와 자연에 풀어 놓기도 하고, 가두어 기르다가 자연으로 빠져나가기도 했어요. 이들은 유전자 교란 등 생태계에 영향을 주고 있어요. 블루길과 배스는 왕성한 식욕으로 토종 물고기의 수를 급격히 줄이고 있어요.

**이스라엘잉어**
몸길이 50~100㎝
생김새가 잉어와 매우 닮았지만 비늘이 몸의 일부에만 있어요.

**떡붕어**
몸길이 20~40㎝
주둥이가 짧고 붕어보다 등이 높아요.

물속의 식물을 주로 먹어요.

**초어**
몸길이 50~100㎝
몸이 길고 비늘은 마름모꼴이에요.

**무지개송어**
몸길이 80~100㎝
몸 뒤에 기름지느러미라고 불리는 작은 지느러미가 하나 더 있어요.

어린 무지개송어

몸에 붉은색 줄무늬가 있어요.

### 블루길
몸길이 15~25㎝
몸이 둥글고 아가미 위에
파란색 반점이 있어요.

### 배스
몸길이 45~60㎝
입이 매우 커요.
꼬리지느러미 가장자리에
검은색 무늬가 있어요.

### 나일틸라피아
몸길이 30~40㎝
입술이 두툼하고
몸에 줄무늬가 있어요.

수컷은 어린 새끼들을 입안에 넣어 보호해요.

사람들은 '역돔'이라 부르기도 해요.

### 살펴보아요!

**어디에서 왔을까?**

우리나라에 온 물고기들의 고향을 알아보아요.
- **이스라엘잉어** – 이스라엘
- **떡붕어** – 일본 비와호수
- **초어** – 동아시아
- **무지개송어** – 태평양
- **블루길** – 북아메리카
- **배스** – 북아메리카
- **나일틸라피아** – 남아프리카

관련 교과  3-1 과학 〈3. 동물의 한살이〉 / 3-2 과학 〈2. 동물의 생활〉

# 북쪽 두만강 물줄기에 사는 물고기

모래무지아과에 속하는 물고기 가운데 모샘치와 두만강자그사니, 구굴무치과에 속하는 발기라는 물고기가 있어요. 모샘치는 한강의 상류에 살고 있었다고 알려졌으나 1939년 이후로는 발견된 적이 없어요. 두만강자그사니와 발기는 한반도 북쪽의 두만강과 그 주변 물줄기에만 살아요.

옛날에는 한강 상류에도 살았어요.

**모샘치**
몸길이 12~18㎝
주둥이가 짧아요. 등지느러미 뒷면이 약간 안쪽으로 휘었어요.

**두만강자그사니**
몸길이 15㎝ 내외
주둥이가 조금 길어요.
입수염이 굵어요.

**발기**
몸길이 25㎝ 내외
입이 커요. 아가미가 길어서 몸 안쪽에 있어요.

76  다양한 물고기의 세계

### 버들매치
**몸길이 8~15㎝**
주둥이가 뭉툭해요. 지느러미에 가지런한 줄무늬가 있어요.

### 연준모치
**몸길이 6~8㎝**
황금색과 검은색 줄무늬가 특징이에요.

### 버들개
**몸길이 12㎝ 내외**
몸통에 짙은 갈색 줄무늬가 있어요.

남한과 북한의 동쪽 물줄기와 두만강에 살아요.

### 가시고기
**몸길이 9㎝ 내외**
가시막이 투명해요. 꼬리자루가 가늘어요.

버들매치, 연준모치, 버들개, 가시고기는 남한의 물줄기에도 살고 있어요.

관련 교과  2-1 여름 〈2. 초록이의 여름 여행〉 / 3-2 과학 〈2. 동물의 생활〉

# 바다에 사는 물고기 1

우리나라에는 약 1,100여 종의 물고기가 사는 것으로 알려져 있어요. 그중에 약 900여 종은 바다에 살고 있어요. 대부분 육지와 가까운 연근해의 암초 지대나 해초, 산호가 있는 곳에서 살아요. 씬뱅이는 머리에 달린 유인 장치를 흔들어 작은 물고기를 유인해 잡아먹어요. 공작처럼 우아하게 생긴 점쏠배감펭의 지느러미 가시에는 독이 있어서 찔리면 매우 아파요.

지느러미를 발처럼 사용해 기어 다녀요.

유인 장치를 흔들어 먹이를 유인해요.

유인 장치

**씬뱅이**
몸길이 30㎝ 내외
몸은 둥글어요.
비늘은 없어요.

등지느러미 끝에 독이 있어요.

**점쏠배감펭**
몸길이 30㎝ 내외
등지느러미와 가슴지느러미에 가시가 삐죽삐죽 뻗었어요.

78  다양한 물고기의 세계

관련 교과  2-1 여름 〈2. 초록이의 여름 여행〉 / 3-2 과학 〈2. 동물의 생활〉

# 바다에 사는 물고기 2

연안의 가운데 층과 아래 층에서 무리 지어 생활하는 전갱이는 낮에는 거의 먹이 활동을 하지 않고 어두워지면 먹이를 먹어요. 강담돔은 온몸에 표범 무늬 같은 검은색 반점이 있어요. 우리나라의 동해안과 제주도의 산호초 지대에 무리 지어 사는 자리돔은 번식기에 바위 표면에 알을 붙이고 수컷이 알을 돌봐요.

### 능성어
몸길이 90㎝ 내외
몸이 타원형이에요.
7개의 굵은 줄무늬가 있어요.

바위가 있는 곳에 살아요.

### 전갱이
몸길이 30㎝ 내외
바위가 많은 연안에서
무리 지어 살아요.

### 강담돔
몸길이 90㎝ 내외
몸 전체에 표범 무늬를
닮은 반점이 있어요.

산호초나 바위가 많은 곳에 살아요.

**자리돔**
몸길이 14㎝ 내외
주둥이가 짧아요.
등지느러미 뒤쪽에 흰색 반점이 있어요.

우리나라 제주도에 많이 살아요.

**흰줄망둑**
몸길이 14㎝ 내외
바위와 돌 밑에서 살아요.

바닷물고기 사진 ⓒ 김주흥

**일곱동갈망둑**
몸길이 15㎝ 내외
몸이 길어요.
7개의 짙고 가느다란 줄무늬가 있어요.

물고기는 아가미로 숨을 쉬고 몸통과 지느러미를 움직여
원하는 장소로 헤엄쳐 이동해요.
물고기마다 몸의 모양과 지느러미는 조금씩 다르게 생겼어요.
기본적인 몸의 구조와 각 부분은 어떻게 생겼는지,
사람의 팔다리나 동물의 네발처럼 지느러미를
어떻게 움직여 물속에서 헤엄치는지 알아보아요.
그리고 넓은 지구 상에서 오직 우리나라의 냇물과 강에서만
살고 있는 물고기가 몇 종인지도 함께 알아보아요.

참갈겨니들이 맑은 물에서 헤엄치고 있어요.

수중보는 물고기의 중요 서식처가 되기도 해요.

# 물고기 자세히 알아보기

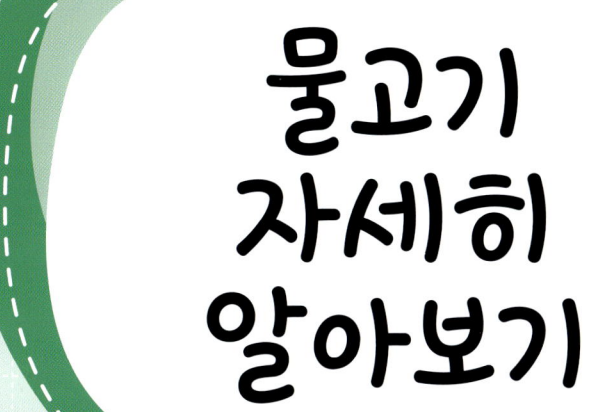

하나하나 살펴보면 더 재미있어요!

관련 교과 3-1 과학 〈3. 동물의 한살이〉 / 3-2 과학 〈2. 동물의 생활〉

# 물고기의 주요 부분

물고기의 몸은 크게 네 부분 즉, 머리와 몸통, 꼬리, 꼬리지느러미로 구분돼요. 머리는 주둥이 앞에서부터 아가미덮개 끝까지이고, 몸통은 아가미덮개 끝에서 항문까지예요. 꼬리는 항문에서 꼬리지느러미가 시작되는 부분까지이고, 그 뒤에 꼬리지느러미가 있어요. 지느러미는 등지느러미, 가슴지느러미, 배지느러미, 뒷지느러미, 꼬리지느러미가 있어요.

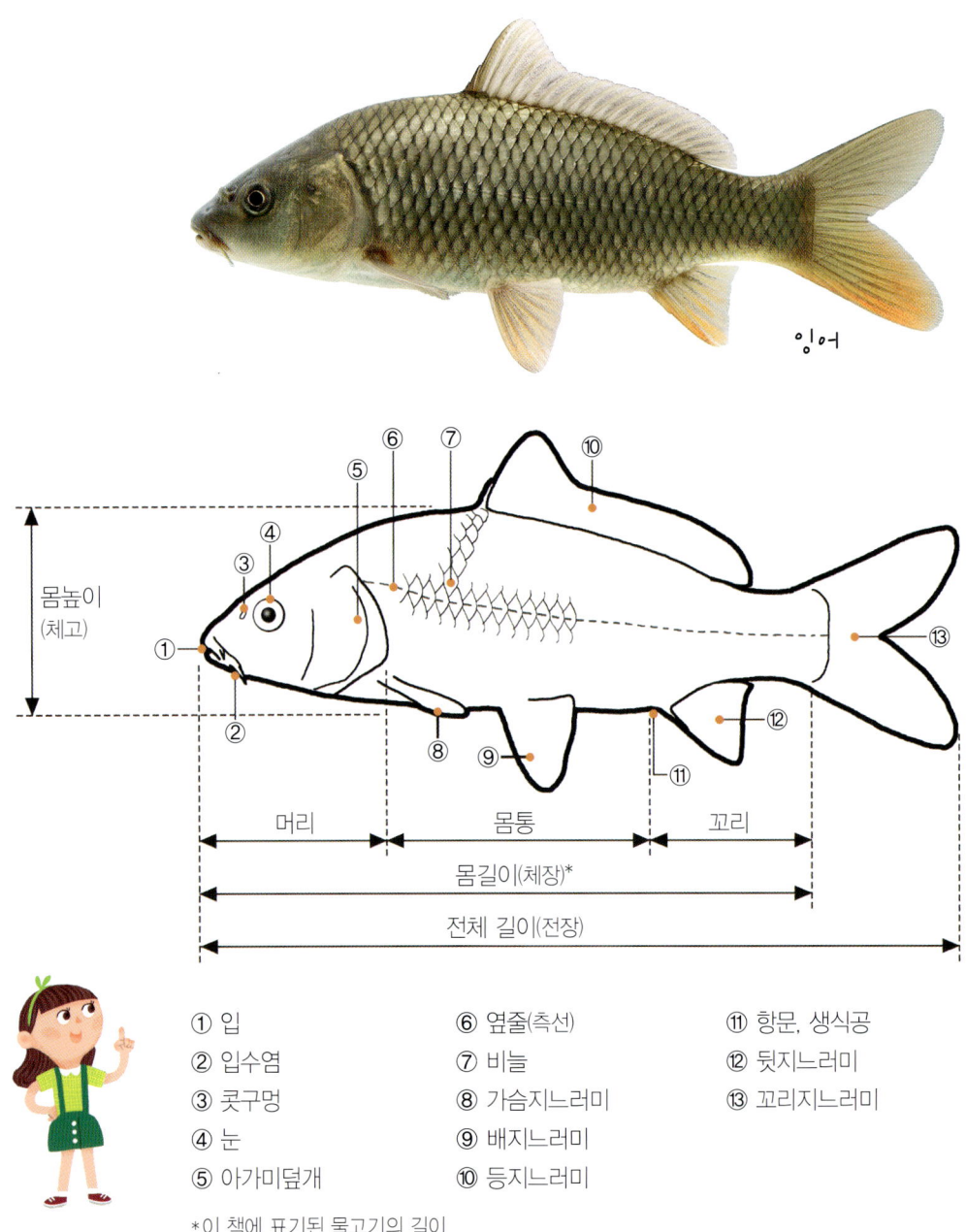

잉어

① 입
② 입수염
③ 콧구멍
④ 눈
⑤ 아가미덮개
⑥ 옆줄(측선)
⑦ 비늘
⑧ 가슴지느러미
⑨ 배지느러미
⑩ 등지느러미
⑪ 항문, 생식공
⑫ 뒷지느러미
⑬ 꼬리지느러미

*이 책에 표기된 물고기의 길이

각시붕어

꺽지

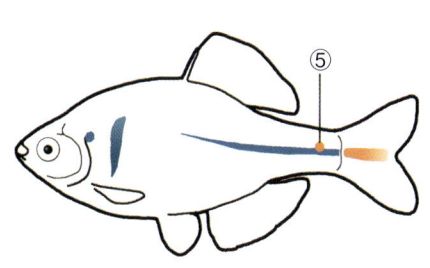

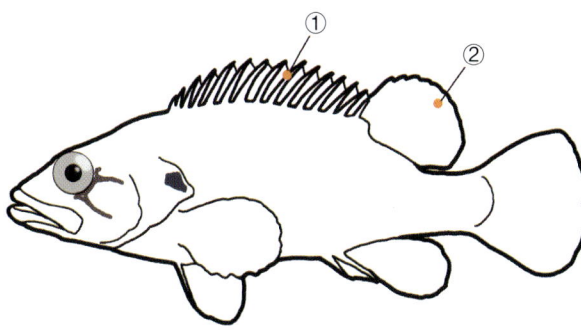

① 제1등지느러미
② 제2등지느러미
③ 기름지느러미
④ 등가시
⑤ 가로줄무늬

연어

잔가시고기

밀어

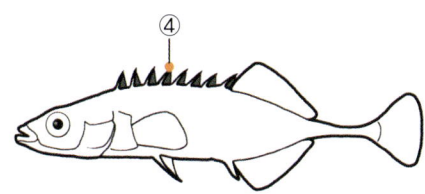

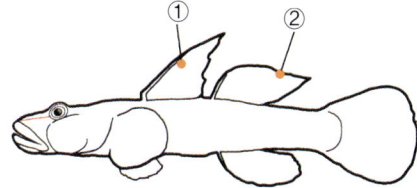

# 물고기의 여러 가지 체형

물고기의 생김새는 아주 다양하지만 크게 가늘고 긴 '장어형', 유선 모양의 '방추형', 옆으로 납작한 '측편형', 리본 모양의 '리본형', 위아래로 납작한 '종편형', 둥그런 원통 모양의 '구형'으로 총 6가지 모양으로 구분해요.

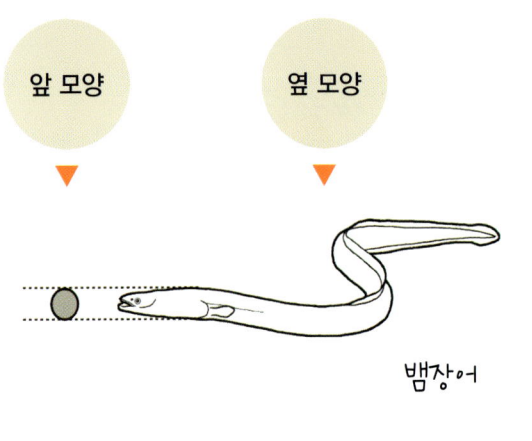

뱀장어

- 장어형 – 가늘고 긴 모양

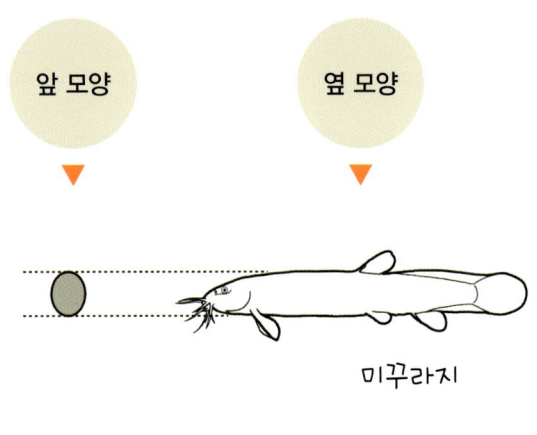

미꾸라지

- 리본형 – 리본 모양

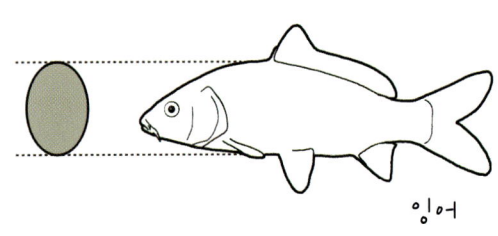

잉어

- 방추형 – 유선 모양

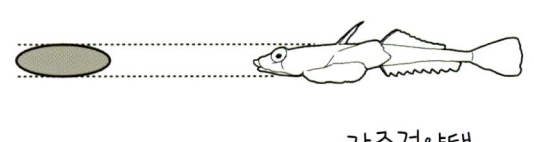

강주걱양태

- 종편형 – 위아래로 납작한 모양

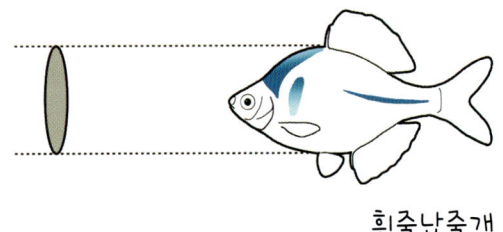

흰줄납줄개

- 측편형 – 옆으로 납작한 모양

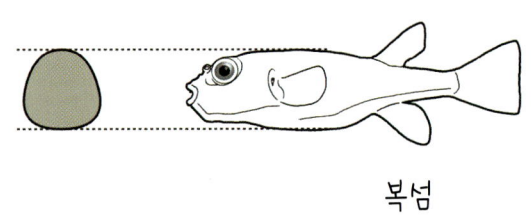

복섬

- 구형 – 원통 모양

관련 교과 3-2 과학 〈2. 동물의 생활〉

# 물고기 지느러미의 역할과 동작

육상동물이 다리나 날개를 사용하는 것처럼 물고기는 물속에서 지느러미를 움직여 활동해요. 지느러미 중 수직 방향으로 1개씩인 홑지느러미는 등지느러미, 뒷지느러미, 꼬리지느러미예요. 좌우로 1쌍인 짝(쌍)지느러미는 가슴지느러미, 배지느러미예요.

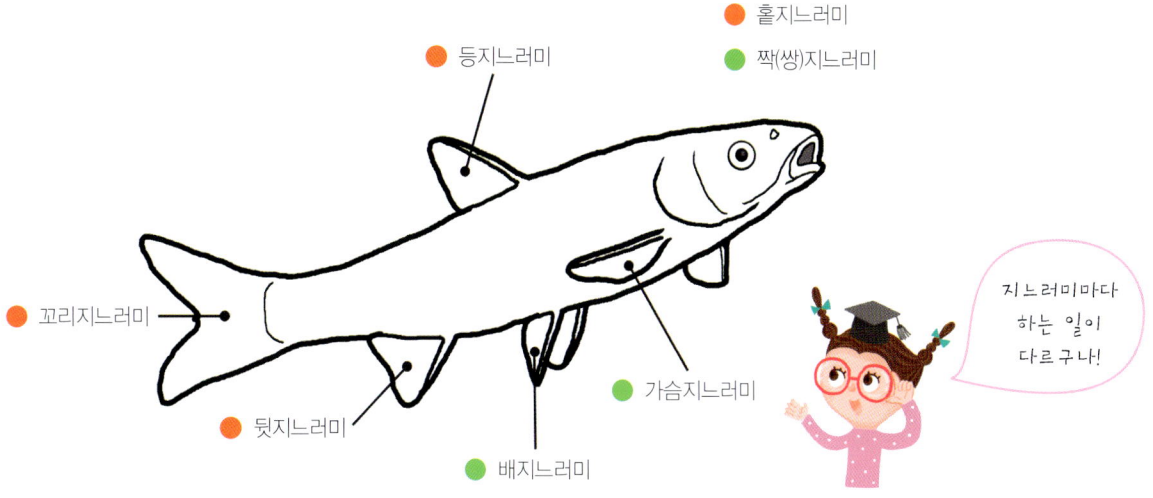

짝지느러미는 몸의 균형을 유지하거나 회전할 때, 미세 동작을 취할 때 사용하고 홑지느러미는 수직 자세를 취할 때 사용해요.

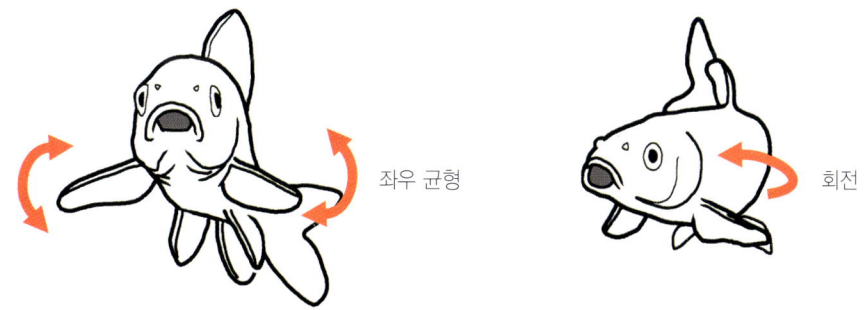

앞으로 나아갈 때는 꼬리지느러미를 좌우로 빠르게 움직여서 힘을 얻어요.

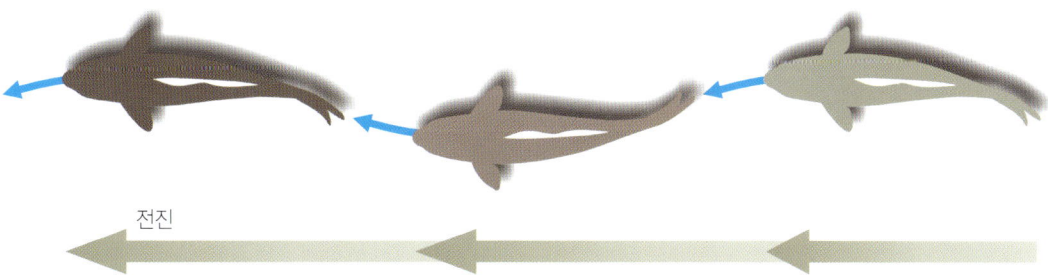

관련 교과  2-1 여름 〈2. 초록이의 여름 여행〉 / 3-1 과학 〈3. 동물의 한살이〉 / 3-2 과학 〈2. 동물의 생활〉

# 다양한 모양의 꼬리지느러미

물고기의 꼬리지느러미는 위아래가 나뭇잎 모양처럼 생긴 '양엽형', 뒷면이 안쪽으로 오목하게 휜 '오목형', 칼로 자른 것 같은 '절단형', 끝이 동그란 '원형', 끝이 뾰족한 '뾰족형', 창의 머리 부분처럼 생긴 '창형' 등이 있어요.

양엽형

붕어

납자루

참중고기

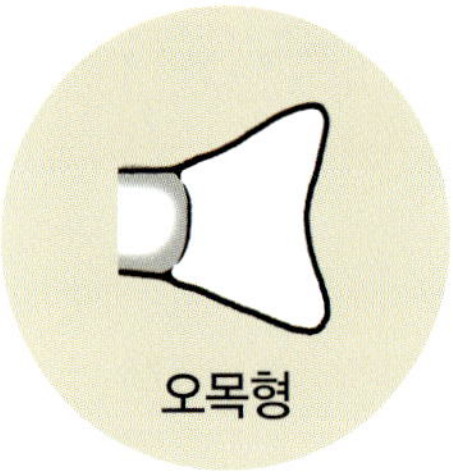

오목형

버들치

꼬치동자개

배스

절단형

송사리

복섬

88  물고기 자세히 알아보기

관련 교과  3-1 과학 〈3. 동물의 한살이〉 / 3-2 과학 〈2. 동물의 생활〉

# 번식기에 나타나는 몸의 변화

번식기가 되면 암컷과 수컷 각각의 모습이 달라지는 물고기들이 있어요. 수컷의 몸 색깔은 암컷의 눈에 잘 띄게 화려한 색으로 바뀌고, 주둥이에는 경쟁자를 물리치기 위해 우둘투둘한 돌기를 키워요. 납자루류와 중고기류의 물고기 암컷은 조개에 알을 낳기 위해 긴 산란관이 배에 달려요. 알 낳기가 끝나면 산란관은 다시 배 속으로 들어가요.

**수컷의 변화**
몸 일부에 딱딱한 돌기가 생겨요.

**참붕어**
번식기가 지나면 돌기는 없어져요.

묵잡자루 주둥이에 난 돌기

참붕어의 턱과 뺨에 난 돌기

참갈겨니의 턱과 뺨에 난 돌기

**수컷의 변화**
지느러미가 커지거나 길어져요.

**참갈겨니**
번식기가 지나면 뒷지느러미는 원래의 크기로 돌아와요.

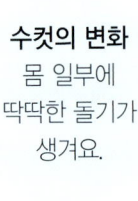
참갈겨니의 커진 뒷지느러미

피라미의 커진 뒷지느러미

흰발망둑의 길어진 등지느러미 가시

물고기 자세히 알아보기

**수컷의 변화**
몸 색깔이
바뀌어요.

**큰가시고기**
번식기가 지나면
원래의 색깔로
돌아와요.

큰가시고기의 바뀐 몸 색깔

황어의 바뀐 몸 색깔

**황어**
번식기가 지나면
원래의 색깔로 돌아와요.

황어는 번식기에
암수가 똑같이
몸 색깔을 바꾸어요.

**암컷의 변화**
알을 낳는
산란관이 길게
나와요.

묵납자루의 산란관

한강납줄개의 산란관

조개가 빨아들인
물이 몸 밖으로
나오는 출수공

조개의 몸 안에
알을 낳는 물고기는
산란관을 이 출수공에
빠르게 넣어서
알을 낳아요.

참중고기의 산란관

## 우리나라의 강과 냇물에만 사는
# 한반도 고유종

우리나라(북한 포함)에는
약 70종의 고유종 물고기가
살고 있어요.

**버들개**
잉어과 | 황어아과

**금강모치**
잉어과 | 황어아과

**버들가지**
잉어과 | 황어아과

**한강납줄개**
잉어과 | 납자루아과

**각시붕어**
잉어과 | 납자루아과

**묵납자루**
잉어과 | 납자루아과

**칼납자루**
잉어과 | 납자루아과

**임실납자루**
잉어과 | 납자루아과

**중고기**
잉어과 | 모래무지아과

**긴몰개**
잉어과 | 모래무지아과

**몰개**
잉어과 | 모래무지아과

**참몰개**
잉어과 | 모래무지아과

**점몰개**
잉어과 | 모래무지아과

**어름치**
잉어과 | 모래무지아과

**왜매치**
잉어과 | 모래무지아과

**꾸구리**
잉어과 | 모래무지아과

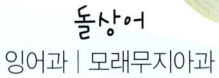

**돌상어**
잉어과 | 모래무지아과

**동사리**
동사리과

**얼룩동사리**
동사리과

**큰볏말뚝망둥어**
망둑어과

**꺽지**
꺽지과

**둑중개**
둑중개과

이 외에
한반도 고유종으로는
칠성말배꼽, 서후납줄갱이(멸종 추정),
자치, 사루기, 젓뱅어, 압록자그사니,
점줄망둑 등이 있어요.

\* 한반도 고유종은 '국립생물자원관 한반도의 생물다양성'
포털과 발표 논문 등을 참고하였습니다.

편 교과 3-2 과학 ⟨2. 동물의 생활⟩ / 3-2 과학 ⟨3. 지표의 변화⟩

# 한반도 고유종 물고기가 사는 지역

다른 나라에는 살지 않고 한반도에만 사는 물고기를 '한반도 고유종'이라고 불러요. 이들은 중류별로 배두산에서 지리산으로 이어지는 배두대간을 중심으로 서쪽(서한안 지역)과 남쪽(남한안 지역), 그리고 동북쪽(동북한안 지역)의 특정 물줄기에 모여 살아요. 한반도에서만 분포하는 물고기와 이웃 나라와 공통적으로 분포하는 물고기에 대해 알아보아요.

한반도의 동북안 지역과 러시아 연해주, 일본 북부 지역에 공통 분포하는 물고기

버들개 / 종개 / 한둑중개

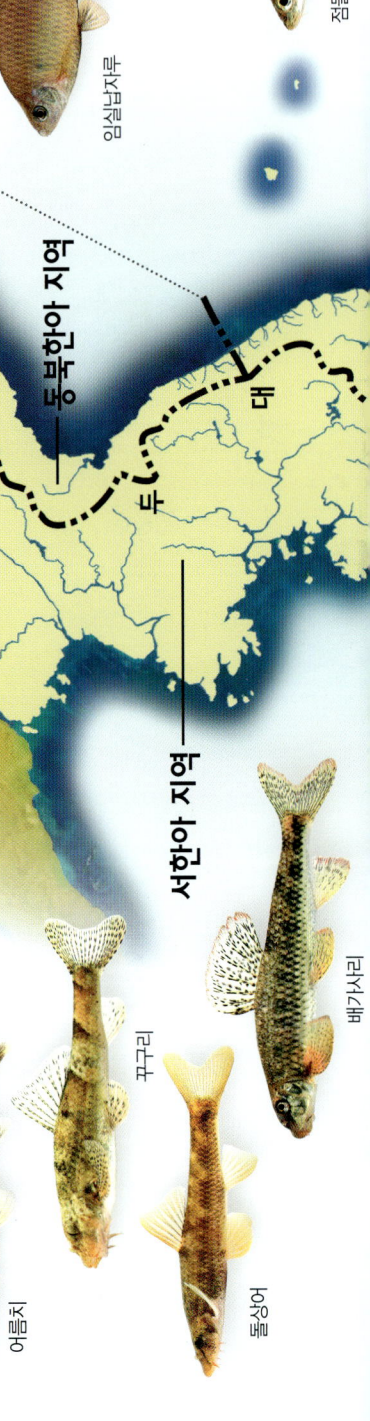

동북한안 지역에 속하는 강과 하천
강릉 이북의 동해로 흐르는 하천과 함경남·북도 유역

서한안 지역 / 동북한안 지역

## 남해안 지역

여울마자, 돌마자, 기름종개, 모래주사, 왕종개, 북방종개, 수수미꾸리, 참종개, 미호종개, 섬진자가사리, 금강모치, 부안종개, 퉁가리

### 한반도의 남한안 지역과 일부 서남부 지역에 공통 분포하는 물고기
황어, 남방돌고기, 꺽지, 송사리

**남한안 지역에 속하는 강과 하천**
낙동강, 섬진강, 탐진강, 영산강과 동해 남부 연안으로 흐르는 하천

### 한반도의 서한안 지역과 중국에 공통 분포하는 물고기
눈볼개, 밀자개, 대륙송사리, 두우쟁이, 다묵장어, 종어

**서한안 지역에 속하는 강과 하천**
압록강, 청천강, 대동강, 재령강, 임진강, 한강, 안성천, 금강, 만경강, 동진강, 안성천, 동진강, 부안 백천, 고창 인천강

관련 교과  3-2 과학 〈2. 동물의 생활〉 / 5-2 과학 〈2. 생물과 환경〉

# 물가나 물속에서 만나는 생물 1

물속 세상에는 많은 종류의 생물들이 물고기와 같이 생활하고 있어요.
잠자리나 날도래처럼 물 밖에서 생활하는 곤충의 애벌레는 탈피하기 전
어린 시절을 물속에서 지내요. 새우류와 우렁이, 다슬기 등은 물속의 유기물을 먹어
물을 맑게 해 주어요. 연가시는 어릴 때 곤충의 몸속에서 살다가 다 자라면
곤충을 물속으로 이끈 다음, 몸 밖으로 빠져나와 물속 생활을 해요.

달팽이

나는 커서 하늘을 훨훨 날아다닐 거야!

왕잠자리 유충

물속의 작은 동물과 작은 물고기를 잡아먹어요.

날도래 유충집

물방개

장구애비

게아재비

습한 곳에 주로 살아요.

민달팽이

102

관련 교과  3-2 과학 〈2. 동물의 생활〉 / 5-2 과학 〈2. 생물과 환경〉

# 물가나 물속에서 만나는 생물 2

어릴 때는 물속에서, 다 자라면 물 밖으로 나와 생활하는 동물을 '양서류'라고 해요.
이들은 꼬리와 아가미가 있는 어린 시절에는 물고기처럼 물속에서 호흡하고
먹이를 먹고 지내다 다리 4개가 나오고 꼬리가 없어지면 물 밖의 주변으로 나와요.
쇠오리나 흰뺨검둥오리, 쇠기러기, 청둥오리 등은 물 위에서 지내기도 해요.

무당개구리

북방산개구리

물 밖으로 나오면 숲으로 들어가 살아요.

참개구리

나뭇잎이나 풀잎 사이에서 지내요.

목을 길게 뺐다가 등껍질 안으로 쏙 넣기도 해요.

두꺼비

청개구리

자라

104

쇠오리

흰뺨검둥오리

습지나 강 하구에서
볼 수 있는
겨울철새예요.

쇠기러기

청둥오리

나는 키 크고
품위 있게 걷는
신사라고 할 수 있지!

왜가리

쇠백로

## ㄱ

가는돌고기 39, 93, 100
가물치 37, 65, 73
가시고기 36, 77
가시납지리 35, 93
가재 103
각시붕어 32, 85, 92
갈겨니 10
갈문망둑 59
감돌고기 38, 93, 100
강담돔 80
강주걱양태 61, 86
강준치 63
개소겡 13, 69, 89
검정망둑 41
게아재비 102
금강모치 25, 66, 92, 101
기름종개 44, 97, 101
긴몰개 7, 94
꺽저기 7, 101
꺽정이 18, 28
꺽지 31, 39, 64, 85, 99
꼬치동자개 48, 88, 98
꾸구리 51, 94, 100
꾹저구 29, 89
끄리 62, 64

## ㄴ

나일틸라피아 75
낙동납자루 93
날도래 유충집 102
날망둑 19
남방동사리 49, 89, 101
남방종개 55, 96
남방짱뚱어 13, 89
납자루 33, 88
납지리 34
노래미 79
누치 42

## ㄷ

눈동자개 58, 98
눈불개 62, 101
능성어 80

## ㄷ

다묵장어 70, 71, 89
다슬기 103
달팽이 102
대농갱이 28
대륙송사리 63, 101
대륙종개 54, 101
돌고기 38
돌마자 52, 95
돌상어 51, 94, 100
동방자가사리 98
동방종개 55, 97, 101
동사리 31, 65, 99
동자개 48, 64
두만강자그사니 76, 95
두우쟁이 8, 101
두꺼비 104
둑중개 30, 59, 99
둥경모치 44, 95
드렁허리 21, 72, 89
떡납줄갱이 32
떡붕어 74
띠좀횟대 79

## ㅁ

말뚝망둥어 12, 13, 21, 69, 73
모래무지 60
모래주사 43, 95, 101
모샘치 76
모치망둑 68
몰개 94
무당개구리 104
무지개송어 74
묵납자루 33, 46, 91, 92, 100
문절망둑 68
물방개 102
메기 48, 64
미꾸라지 20, 72, 86
미꾸리 20, 72, 89
미끈망둑 31
미호종개 61, 96, 101

미유기 27, 98
민달팽이 102
민물검정망둑 47, 59
민물두줄망둑 29, 47
밀어 41, 46, 85
밀자개 28, 101

## ㅂ

발기 76
배가사리 53, 95, 100
배스 65, 75, 88
백로 105
뱀장어 14, 86, 89
복섬 86, 88
복해마 79
부안종개 56, 96, 101
북방산개구리 104
북방종개 57, 97, 100, 101
붕어 6, 88
버들가지 25, 92, 100
버들개 24, 66, 77, 92, 100
버들매치 30, 43, 77
버들붕어 37, 47, 73
버들치 24, 88
블루길 75
빙어 9, 66

## ㅅ

사백어 19
산천어 15, 67
새미 50, 66
새코미꾸리 26, 96
생이새우 103
섬진자가사리 57, 98, 101
송사리 63, 88, 101
송어 15, 67
수수미꾸리 58, 97, 101
숭어 11
쇠기러기 105
쇠오리 105
쉬리 50, 93
실뱀장어 14
쌀미꾸리 7, 89
쏘가리 49, 64
씬뱅이 78

## ㅇ

어름치 52, 94, 100
얼룩동사리 53, 65, 99
얼룩새코미꾸리 26, 96
여울마자 51, 95, 101
연가시 103
연어 15, 16, 17, 85
연준모치 18, 24, 66, 77
열목어 53, 67
왕잠자리 유충 102
왕종개 56, 96, 101
왜가리 105
왜매치 43, 94
왜몰개 62
왜꾹저구 19
우렁이 103
은어 15
이스라엘잉어 74
일곱동갈망둑 81
임실납자루 33, 92, 100
잉어 6, 84, 86

## ㅈ

자가사리 25, 58, 98
자라 104
자리돔 81
잔가시고기 36, 85
장구애비 102
전갱이 80
점줄종개 44, 97
점몰개 94, 100
점쏠배감펭 78
좀구굴치 40
좀수수치 57, 97
종개 54, 100
종어 45, 101

줄납자루 34, 93
줄몰개 42
줄종개 45, 97
줄새우 103
중고기 94
징거미새우 103
짱뚱어 12, 13, 68, 73

## ㅊ

참갈겨니 10, 90, 95
참개구리 104
참게 103
참마자 42, 60
참몰개 94
참붕어 40, 90
참쉬리 93
참종개 55, 96, 101
참중고기 35, 88, 91, 93
철갑상어 71
청개구리 104
청둥오리 105
초어 74
치리 11
칠성장어 70, 71

## ㅋ

칼납자루 46, 92
큰가시고기 9, 36, 91
큰납지리 35
큰볏말뚝망둥어 12, 69, 73, 99
큰줄납자루 34, 93, 100

## ㅌ

퉁가리 27, 98, 101
퉁사리 27, 98

## ㅍ

풀망둑 68
피라미 10, 90

## ㅎ

한강납줄개 32, 91, 92, 100
한둑중개 30, 100
홍송어 67
황복 9
황어 8, 11, 91, 101
황쏘가리 49
흰발망둑 29, 90
흰수마자 61, 95
흰줄망둑 81
흰뺨검둥오리 105

## 초등 교과 과정 연계 정보

### 계절별로 살펴보는 물고기

물풀에 알을 낳는 물고기  3-1 과학 〈3. 동물의 한살이〉 / 3-2 과학 〈2. 동물의 생활〉
하천을 거슬러 오르는 물고기  3-2 과학 〈2. 동물의 생활〉 / 3-2 과학 〈3. 지표의 변화〉
물 위로 잘 뛰어오르는 물고기  2-1 여름 〈2. 초록이의 여름 여행〉 / 3-2 과학 〈2. 동물의 생활〉
갯벌에서 생활하는 물고기  2-1 여름 〈2. 초록이의 여름 여행〉 / 3-2 과학 〈2. 동물의 생활〉
여행을 떠나거나 고향으로 돌아오는 물고기  3-1 과학 〈3. 동물의 한살이〉 / 3-2 과학 〈2. 동물의 생활〉
연어의 일생  3-1 과학 〈3. 동물의 한살이〉 / 3-2 과학 〈1. 동물의 생활〉
겨울이나 이른 봄에 알을 낳는 물고기  3-1 과학 〈3. 동물의 한살이〉 / 3-2 과학 〈2. 동물의 생활〉
진흙·개펄 속에서 겨울을 나는 물고기  3-2 과학 〈2. 동물의 생활〉

### 다양한 물고기의 세계

산골짜기의 개천에 사는 물고기  3-2 과학 〈2. 동물의 생활〉
냇물의 상류와 중류에 사는 물고기  3-2 과학 〈2. 동물의 생활〉 / 3-2 과학 〈3. 지표의 변화〉
하류나 하구에 사는 물고기  3-2 과학 〈2. 동물의 생활〉 / 3-2 과학 〈3. 지표의 변화〉
알을 지키는 수컷 물고기  3-1 과학 〈3. 동물의 한살이〉 / 3-2 과학 〈2. 동물의 생활〉
조개의 몸 안에 알을 낳는 물고기 1  2-1 여름 〈2. 초록이의 여름 여행〉 / 3-1 과학 〈3. 동물의 한살이〉 / 3-2 과학 〈2. 동물의 생활〉
조개의 몸 안에 알을 낳는 물고기 2  3-1 과학 〈3. 동물의 한살이〉 / 3-2 과학 〈2. 동물의 생활〉
알을 낳기 위해 둥지를 짓는 물고기  3-1 과학 〈3. 동물의 한살이〉 / 3-2 과학 〈2. 동물의 생활〉
다른 물고기의 알자리에 알을 낳는 물고기  3-1 과학 〈3. 동물의 한살이〉 / 3-2 과학 〈2. 동물의 생활〉
알자리를 청소하는 물고기  3-1 과학 〈3. 동물의 한살이〉 / 3-2 과학 〈2. 동물의 생활〉
모래가 많은 곳에서 생활하는 물고기 1  3-2 과학 〈2. 동물의 생활〉 / 3-2 과학 〈3. 지표의 변화〉
모래가 많은 곳에서 생활하는 물고기 2  3-2 과학 〈2. 동물의 생활〉 / 3-2 과학 〈3. 지표의 변화〉
다른 물고기에게 텃세 부리는 물고기  3-2 과학 〈2. 동물의 생활〉
어두운 밤에 많이 활동하는 물고기  2-2 겨울 〈2. 겨울 탐정대의 친구 찾기〉 / 3-2 과학 〈2. 동물의 생활〉
여울에서 빠르게 헤엄치는 물고기  3-2 과학 〈2. 동물의 생활〉 / 3-2 과학 〈3. 지표의 변화〉
여울의 밑에서 사는 물고기  3-2 과학 〈2. 동물의 생활〉 / 3-2 과학 〈3. 지표의 변화〉
돌 사이를 헤집고 다니는 물고기 1  3-2 과학 〈2. 동물의 생활〉
돌 사이를 헤집고 다니는 물고기 2  3-2 과학 〈2. 동물의 생활〉
돌 밑에 잘 숨는 물고기  3-2 과학 〈2. 동물의 생활〉
모래 속에 잘 숨는 물고기  3-2 과학 〈2. 동물의 생활〉

수면 가까이에서 헤엄치는 물고기  3–2 과학 〈2. 동물의 생활〉
다른 물고기를 먹고 사는 물고기  3–2 과학 〈2. 동물의 생활〉
찬물에 사는 물고기  3–2 과학 〈2. 동물의 생활〉
갯벌에 굴을 파는 물고기  2–1 여름 〈2. 초록이의 여름 여행〉 / 3–2 과학 〈2. 동물의 생활〉
원시의 특징이 남아 있는 물고기  3–2 과학 〈2. 동물의 생활〉
다른 방법으로 숨 쉬는 물고기  3–2 과학 〈2. 동물의 생활〉
다른 나라에서 온 물고기  3–2 과학 〈2. 동물의 생활〉 / 5–2 과학 〈2. 생물과 환경〉
북쪽 두만강 물줄기에 사는 물고기  3–1 과학 〈3. 동물의 한살이〉 / 3–2 과학 〈2. 동물의 생활〉
바다에 사는 물고기 1  2–1 여름 〈2. 초록이의 여름 여행〉 / 3–2 과학 〈2. 동물의 생활〉
바다에 사는 물고기 2  2–1 여름 〈2. 초록이의 여름 여행〉 / 3–2 과학 〈2. 동물의 생활〉

## 물고기 자세히 알아보기

물고기의 주요 부분  3–1 과학 〈3. 동물의 한살이〉 / 3–2 과학 〈2. 동물의 생활〉
물고기의 여러 가지 체형  3–2 과학 〈2. 동물의 생활〉
물고기 지느러미의 역할과 동작  3–2 과학 〈2. 동물의 생활〉
다양한 모양의 꼬리지느러미  2–1 여름 〈2. 초록이의 여름 여행〉 / 3–1 과학 〈3. 동물의 한살이〉 / 3–2 과학 〈2. 동물의 생활〉
번식기에 나타나는 몸의 변화  3–1 과학 〈3. 동물의 한살이〉 / 3–2 과학 〈2. 동물의 생활〉
우리나라의 강과 냇물에만 사는 한반도 고유종  3–2 과학 〈2. 동물의 생활〉
한반도 고유종 물고기가 사는 지역  3–2 과학 〈2. 동물의 생활〉
물가나 물속에서 만나는 생물 1  3–2 과학 〈2. 동물의 생활〉 / 5–2 과학 〈2. 생물과 환경〉
물가나 물속에서 만나는 생물 2  3–2 과학 〈2. 동물의 생활〉 / 5–2 과학 〈2. 생물과 환경〉

물고기에 대해
알아 가며 자연과
더욱 가까워져요!